¡MAMÁ, NO GRITES!

UNA GUÍA PRÁCTICA PARA CRIAR NIÑOS MÁS FELICES Y SEGUROS DE SÍ MISMOS, HACER QUE TE ESCUCHEN Y EVITAR LAS RABIETAS UTILIZANDO DISCIPLINA POSITIVA EN LUGAR DE CASTIGOS

SOFÍA NAVARRO

¡Mamá, no grites!

Todos los derechos reservados - ©2022 Sofia Navarro

ISBN: 9798836778071

Año de publicación: 2022

Contacto: sofimum@alphapress.net

Traducido por: Alicia Montero

Todo el contenido de este volumen está protegido por derechos de autor.

Todos los derechos reservados.

Se prohíbe la retransmisión, la reimpresión y la traducción sin la autorización escrita del autor o del editor.

DISCLAIMER

Este libro no pretende sustituir el consejo de un médico o psicólogo. Aunque el autor y el editor han hecho todo lo posible para garantizar que la información contenida en este libro sea correcta en el momento de su impresión, el autor y el editor no asumen, y por lo tanto renuncian, a cualquier responsabilidad por cualquier problema o daño causado por errores u omisiones.

ÍNDICE

Introducción	vii
1. ¿QUÉ ES LA IRA? ¿POR QUÉ LA SENTIMOS?	1
¿Cuáles son las verdaderas causas de la ira?	5
¿Es bueno experimentar la ira?	6
2. UNA VISIÓN MÁS DETALLADA: SABER IDENTIFICAR LAS CAUSAS DE LA IRA	9
La ira en el entorno familiar	11
¿Es la ira la solución adecuada?	13
Otros estudios al respecto	13
3. POR QUÉ LA TRANQUILIDAD Y LA POSITIVIDAD SON LAS MEJORES HERRAMIENTAS PARA EDUCAR A LOS NIÑOS	15
Por qué evitar los gritos y cómo hacerlo	17
¿Qué sentimientos hay detrás de nuestra ira?	19
Gritar menos: el mejor regalo que podemos hacerle a las siguientes generaciones	20
Identificar y aceptar el temperamento de los demás	22
Recomendaciones a la hora de educar	25
4. LA INTELIGENCIA EMOCIONAL EN LOS NIÑOS	29
¿Qué se entiende por inteligencia emocional?	29
Cómo guiar a nuestros hijos en la gestión de las emociones	31
Los 5 pasos para fomentar la inteligencia emocional en los niños	37
Los adultos también pueden ejercitar su inteligencia emocional	39

5. LA PATERNIDAD YA NO ES LO QUE ERA — 45
   Padres e hijos en la era posmoderna — 45
   La importancia de escuchar — 51
   La escucha activa: el secreto de una buena comunicación — 54
   8 elementos que ayudarán a tu hijo a contener la ira — 56
   El frasco de la calma: para qué sirve y cómo hacerlo — 58

   Frasco de la calma — 61

6. CÓMO GESTIONAR NUESTRA IRA CON LOS NIÑOS — 63
   Controlar nuestros gritos — 67
   Cómo establecer normas y consecuencias coherentes — 68
   5 pasos para no gritar — 70
   4 consejos para cuidarnos a nosotros mismos — 71

7. ¿POR QUÉ MI HIJO NO ME ESCUCHA? — 75
   El niño está construyendo su identidad — 75
   A veces es muy difícil para él prestar atención — 75
   Su estructura mental es diferente: utilicemos el lenguaje adecuado — 76
   Qué hay que hacer cuando el niño no escucha — 76
   Sé tú quien lo escuche a él — 76
   Establece prioridades — 77
   Las 8 frases clave para que nuestros hijos nos hagan caso — 77

8. ¿CÓMO HACEMOS PARA QUE NUESTROS HIJOS NOS OBEDEZCAN? — 83
   Los mejores consejos educativos — 83
   Causas del comportamiento rebelde de nuestros hijos — 87

Cómo gestionar las rabietas: alternativas a las broncas	90
Los consejos del psiquiatra infantil Gerard Nelson: "Cómo conseguir que las regañinas sean efectivas".	93

9. LA CONDUCTA DE BÚSQUEDA DE ATENCIÓN O EL ATTENTION-SEEKING BEHAVIOUR: CUANDO LOS NIÑOS EXIGEN SER SIEMPRE EL CENTRO DE ATENCIÓN — 99

La necesidad de atención es una exigencia natural	99
Interpretar y aceptar las necesidades de nuestros hijos: debemos escuchar y dialogar	100
Hay que ignorar las actitudes erróneas, no al niño	101
Prestemos atención de verdad	102
Reforcemos los comportamientos positivos	102
Debemos crear una alternativa para redirigir su comportamiento	103
Hay que hacer que los más grandes se enfrenten a las consecuencias	104
Reflexionemos con ellos sobre lo ocurrido	104

Conclusión — 107

INTRODUCCIÓN

Hoy en día, hablar de la maternidad y la infancia es cada vez más importante para hacer de nuestra sociedad un lugar acogedor e inclusivo.

Las palabras "acoso", "discapacidad", "apoyo" y "compasión" resuenan como un recordatorio constante en nuestros hogares.

Precisamente por ello, es necesario pedir a las familias que se responsabilicen de sus actos con respecto a los niños que tienen a su cargo.

La tarea de criar a un niño, que luego tendrá que convertirse en un adulto responsable, respetuoso, consciente de sí mismo y de sus emociones, no es un asunto menor.

Sin embargo, sabemos muy bien lo difícil que es esto para una madre o un padre, ya que un hijo puede llegar a acabar con la paciencia del propio progenitor, que a su vez debe demostrar autocontrol y actuar como un ejemplo.

Como madre, sé muy bien que la ira provocada por las actitudes repentinas de un niño o un adolescente puede dejarte perdido y alterado durante horas.

Antes, la única forma de hacerme oír era gritar, cosa que me agotaba tanto a mí como a mi hijo.

Las noches eran el peor momento del día. Él se alborotaba para llamar mi atención: se ponía a lanzar cosas, saltaba en el sofá e incluso daba patadas a diestro y siniestro... y yo me sentía totalmente abatida y desesperada.

Sabía que las amenazas y los gritos no servirían de nada. Pero no tenía herramientas a mi disposición para tener un comportamiento adecuado y conseguir sobreponerme o distraerlo.

Estaba convencida de que no podría superar esa frustración constante. Cuanto más intentaba evitar esos errores, más caía en ellos.

Veía la actitud de mi hijo como una forma de desafiarme, cuando lo que realmente necesitaba de mí era ayuda y comprensión.

Solo al informarme cuidadosamente, pedir consejo y observarle, pude darme cuenta de que su ira escondía un miedo profundo: el de ser destructivo.

Cualquier niño teme que las rabietas que experimenta se apoderen de él, devastándolo a él mismo y, sobre todo, a la relación que más aprecia en el mundo, que es la que tiene con su madre.

Para que estos episodios de furia se redujeran al mínimo, aprendí a dirigirme a él y a tranquilizarle, sugiriéndole que la ira desaparecería como una ola, que viene con fuerza y acaba desvaneciéndose, rompiendo en la orilla del mar.

Me di cuenta del poder que tenía un abrazo en un momento de irritación menos fuerte, y comencé a restarle importancia a estos episodios cuando menos se lo esperaba.

Cada circunstancia que desencadena las reacciones de mi hijo es diferente, así como también el mejor enfoque para afrontarlas es distinto en cada caso, pero sin duda soy mucho más capaz de manejar estas situaciones que en el pasado.

Ahora me mantengo firme y segura en mi papel de madre, he dejado de gritar y he mejorado la relación que tengo con mi pequeño.

Sin embargo, por experiencia propia, me doy cuenta de que sigue habiendo un montón de madres y padres al borde de un ataque de nervios. Porque, además del comportamiento de sus hijos, deben seguir enfrentándose a los horarios estrictos, las mil tareas por hacer, el estrés, el cansancio, las presiones sociales, los problemas de salud propios o de algún familiar y muchas otras cosas más. Como resultado, llegar a casa y relajarse no solo es difícil de base, sino que se vuelve casi imposible.

Así, ese momento que debería servir para descansar mentalmente después de una jornada de trabajo complicada se convierte en otro motivo de estrés, al tener que enfrentarse a más exigencias, y esto induce en el adulto una frustración que se acaba convirtiendo en una ira incluso explosiva.

Esta última, si no se gestiona correctamente, al igual que el resto de las emociones "negativas" (que es como se suele denominar a la ira), es la causa principal del mal humor y de malentendidos en la familia, que es el entorno más importante en el que vivimos y en el que más nos gustaría dar lo mejor de nosotros mismos. Muchas veces, sin embargo, acaba siendo al contrario.

Efectivamente, a menudo nos enfadamos con nuestros hijos: los deberes del cole se convierten en una pesadilla; las vacaciones, en lugar de recargarnos las pilas, nos agotan todavía más; o las tareas cotidianas como lavarse los dientes, vestirse o recoger los juguetes se convierten en momentos de agobio y estrés.

No obstante, tenemos la gran capacidad de darnos cuenta de que eso puede y debe cambiar, porque mantener la calma es difícil, pero es esencial para construir un ambiente sereno y equilibrado en nuestra unidad familiar.

Gritar para que nos escuchen, sobre todo mientras lidiamos con las rabietas de los pequeños o con los desprecios de los mayores, puede parecer la opción más obvia en muchos casos. Pero sabemos muy bien lo contraproducente que es esto. Nosotros mismos lo sentimos, porque los gritos también nos agotan y nos entristecen.

Y nos duele mucho ver a nuestros pequeños angustiados por la rabia, o a los más mayores encerrados en sí mismos por sentirse incomprendidos mientras tratan de evolucionar y explorar el mundo que les rodea, porque nada nos gustaría más que saber apoyar a nuestros hijos.

Además, se ha demostrado de forma científica que gritar es muy nocivo para el desarrollo del cerebro de los niños, especialmente de los más pequeños, pues causa traumas a largo plazo y una tendencia a la agresividad, al consumo de drogas y alcohol y al fracaso en el futuro.

Modular la ira y asumir la responsabilidad de nuestros actos es una forma de protegernos a nosotros mismos y a las personas a nuestro alrededor, por lo que es muy importante actuar lo antes posible para remediar y reparar, dos términos muy importantes en la filosofía Kintsugi.

Para conseguir ser dueños de nuestras emociones, afrontarlas y hacer que sean menos peligrosas podemos apoyarnos en varias técnicas, que se abordarán en este libro.

Una de ellas es el *mindfulness*, una técnica de meditación que traslada al ser humano al aquí y al ahora, y que permite mirar el mundo exterior de forma consciente y sin prejuicios.

Permanecer en silencio unos minutos al día e intervenir de forma asertiva en el entorno podría ser de ayuda en la vida cotidiana. El silencio es algo vivo, como diría la italiana Chandra Livia Candiani, y nos demuestra el bien que puede hacernos.

Es posible acercarse a los niños de forma positiva y gratificante, y de esta manera podemos mejorar la comprensión y aportar calma y armonía no solo a la familia, sino también y sobre todo a nosotros mismos. Lo único que tenemos que hacer es observarnos y admitir que no somos perfectos, que tenemos límites como cualquier ser humano.

Las redes sociales y la televisión están llenas de imágenes de padres perfectos. Pero la perfección no existe. Por esto, no debemos ser tan autocríticos, pero tampoco podemos resignarnos a que nuestra paternidad sea un caos. Tenemos que esforzarnos por dar lo mejor de nosotros, y a partir de ahí podremos volver a encontrar la serenidad que merecemos.

Informarse es un gesto de amor hacia nuestros hijos, pero también hacia aquellos que elegimos tener a nuestro lado en el viaje de la vida.

Y reconocer nuestras emociones dañinas para poder gestionarlas es la mejor vía para lograr ser la versión más agradable de nosotros mismos.

Como decía Rousseau: "El hombre es naturalmente bueno, es la sociedad quien lo corrompe".

Para que un niño bueno siga siendo bueno incluso de adulto, es imprescindible empezar por gestionar las emociones más invasivas e incómodas, aprender a identificarlas, aceptarlas y proyectarlas correctamente. De esta forma, estas criaturas recién llegadas al mundo podrán vivir en una realidad en la que sean felices y estén a gusto.

Por ello, desde la gestión de ira y el descontrol hasta las indicaciones más útiles sobre cómo procesar y orientar las energías negativas que se oponen a nuestros valores, este libro es un viaje que nos conducirá a una mejor relación con nosotros mismos y con nuestros seres más queridos.

¡Solo me queda desearte una buena lectura!

CAPÍTULO I
¿QUÉ ES LA IRA? ¿POR QUÉ LA SENTIMOS?

La ira, según el psicólogo Carl Spielberger, es un estado emocional cuya intensidad oscila entre la furia intensa y la rabia, en la escala de las emociones. Como tantas otras sensaciones, también desencadena cambios a nivel fisiológico y biológico. Seguramente te hayas dado cuenta de que, durante un ataque de ira, la presión arterial y el ritmo cardíaco aumentan. Lo mismo ocurre a nivel hormonal con la adrenalina y la noradrenalina, que provocan un aumento de energía.

La ira en sí misma puede surgir a partir de eventos que dependen de factores tanto externos como internos. Las razones externas pueden ser el comportamiento de una determinada persona o un acontecimiento que desencadena ese brote en nuestro interior, por lo que acabamos perdiendo los nervios. Entre las causas internas, podemos sentir una excesiva obsesión por algo que ha sucedido o una preocupación concreta, un problema personal que parece no tener solución o un recuerdo traumático y psicológicamente perturbador.

Por lo general, la forma habitual de expresar la ira es a través de la agresión. Esta puede ser tanto verbal como física, con acciones que podemos lamentar mucho.

Sin embargo, no debemos olvidar que la ira en sí no es más que una emoción y que, como las demás, tiene su propia función y propósito. Tiene una función defensiva que se activa cuando nos sentimos amenazados, atacados o humillados. Es un mecanismo de protección hacia nosotros mismos o hacia otra persona. Por lo tanto, biológicamente, la ira también es necesaria para nuestra supervivencia.

Sin embargo, las normas sociales y el sentido común nos obligan a mantener la compostura y a poner límites a la exteriorización de esta emoción particular, generalmente etiquetada *a priori* como algo negativo y potencialmente alarmante. Por eso no podemos ir por ahí despotricando, atacando o lanzando objetos a los que nos rodean.

El ser humano suele adoptar tres estrategias para expresar sus sentimientos de ira.

La primera es expresar la ira de forma asertiva: sin agresividad, respetando no solo a los demás sino también a uno mismo, cuidando nuestro estado de ánimo y nuestro bienestar, y siendo conscientes de nuestras emociones y de lo que nos pasa.

Una segunda forma de expresión es reprimir la ira. Al reprimirla, intentamos suprimir esa emoción dañina tratando de desviar nuestra atención hacia otra cosa, quizás algo más constructivo. Sin embargo, a largo plazo, esta actitud es peligrosa. No exteriorizamos el sentimiento, no lo aceptamos y, por tanto, intentamos esconderlo como si fuera polvo bajo la alfombra. Inevitablemente, al adoptar siempre esta opción (aparentemente útil a primera vista), estaremos acumulando ira, resentimiento y emociones no resueltas en nuestro interior, y todo esto acabará explotando tarde o temprano como una bomba de relojería. La represión de una emoción nos afecta a nivel psicológico, lo que a veces da lugar a problemas graves como la depresión, el comportamiento pasivo-agresivo, la irritabilidad o la hipertensión.

Otra forma en la que los seres humanos lidiamos con la ira es calmándonos, buscando paz interior y tratando de controlar y procesar la emoción. Esto implica, por supuesto, saber gestionar la ira a otro nivel y adoptar técnicas específicas como el *mindfulness* u otras formas de meditación y toma de conciencia. Calmar y gestionar la emoción también condiciona el desequilibrio fisiológico que esta provoca. Ser consciente de la imposibilidad de eliminar esta emoción nos lleva a tomar una actitud diferente en la gestión de esos sentimientos que tanto miedo nos producen, empezando por nosotros mismos y aprendiendo poco a poco a controlar nuestras reacciones de forma inteligente.

Sin embargo, también es cierto que algunas personas se enfadan con más frecuencia que otras, muchas veces en exceso. Existen los que gritan y despotrican, los que se expresan a través del silencio y los que adoptan constantemente actitudes hoscas. Por lo general, las personas con una baja capacidad de tolerancia a las emociones, al malestar y al fastidio son más propensas a experimentar ataques de ira. Esto las lleva a agitarse fácilmente en contextos familiares, laborales y sociales.

Del mismo modo que ocurre con los instintos naturales de los animales, que manifiestan su agresividad cuando se sienten perseguidos o en peligro de muerte, nosotros también experimentamos ira cuando nos sentimos amenazados o, dada nuestra evolución, cuando percibimos injusticias hacia nosotros o frustraciones que nos impiden vivir tranquilos o satisfacer nuestras necesidades.

En realidad, una persona especialmente propensa a la ira no es una mala persona, sino un individuo que interpreta constantemente los acontecimientos que le rodean de forma negativa e incapacitante. Esto desencadena una serie de mecanismos en el cerebro que hacen que nuestro organismo se prepare para el ataque. Otros, en cambio, son más capaces de autocontrolarse. A veces también depende de un objetivo de superación que nos imponemos. Por ejemplo, querer mostrarse a uno mismo como una persona pacífica y tranquila, o no querer encontrarse con futuros inconvenientes por nuestras acciones.

Por lo tanto, solemos ser más propensos a controlarnos y a ignorar las situaciones potencialmente provocativas respondiendo en tonos moderados, a veces hasta insinuando una sonrisa, como explica la psicóloga Olivia Materazzo. Tener un propósito y saber mantener la calma son factores igualmente importantes en la gestión de la ira.

No obstante, como también decía el filósofo griego Aristóteles, enfadarse es fácil, todo el mundo puede hacerlo. Lo difícil es enfadarse por el motivo adecuado, con la intensidad adecuada, de las formas adecuadas, en las situaciones adecuadas y, sobre todo, con las personas adecuadas. Conseguir eso no está al alcance de todos y es una tarea mucho más difícil de lo que parece.

Esto podría ser un pequeño motivo de reflexión. Es muy fácil enfadarse con cualquiera hoy en día. Nos ocurre a diario con nuestros hijos, con nuestra pareja, con nuestros compañeros de trabajo, en la carretera o en la cola del supermercado. Cualquier cosa puede provocarnos esa emoción. Luego están los que exteriorizan la ira expresando tristeza, llorando o arremetiendo contra un ser querido para descargar el nerviosismo y la frustración. Para ello, algunos utilizan palabras a menudo inapropiadas, dan patadas y puñetazos a un saco de boxeo o se matan a hacer ejercicio en el gimnasio, mientras que otros, por ejemplo, consumen comida en grandes cantidades, aunque no tengan hambre.

Si nos paramos a pensarlo, la ira actúa como combustible de una serie de acciones o expresiones verbales; el objetivo es que el individuo exteriorice su estado de malestar.

Pero, aunque dejar salir la ira es bueno, lo importante es aprender a convertirla con el tiempo en algo constructivo y aprender a vivir con ella sin dejar que nos abrume. Recuerda: podemos experimentar la ira, pero no somos nuestra ira. Por tanto, no debemos martirizarnos ni sentirnos estúpidos por haberla experimentado. Es una emoción como muchas otras, que hay que entender y aceptar, para poder afrontarla y gestionarla con más conciencia.

Los que no son capaces de expresar la ira de otra forma que no sea tóxica y dañina seguirán experimentándola durante tiempos mucho más prolongados. Esto, como ya hemos mencionado, solo contribuirá a dañar la propia personalidad, fomentando miedos, frustraciones, agresividad, comportamientos hostiles y un amplio espectro de trastornos psicosomáticos y físicos.

¿CUÁLES SON LAS VERDADERAS CAUSAS DE LA IRA?

Diversas investigaciones científicas y psicológicas identifican las causas de la ira en tres categorías concretas, que son: la desobediencia o la negativa de los demás a nuestras peticiones o deseos; las amenazas dirigidas hacia nosotros y a nuestra autoestima (por ejemplo, las imposiciones de los demás); y los impedimentos por parte de personas u objetos que no desempeñan bien sus actividades.

¿ES BUENO EXPERIMENTAR LA IRA?

A menudo se plantea la cuestión de si enfadarse es correcto o no. Si la ira sirve de algún modo para algo. A veces, nos avergonzamos de sentir y expresar esta emoción, o nos arrepentimos de haberla sentido.

Esto se debe a que no queremos hacer creer que somos malas personas y pretendemos dar una buena imagen de nosotros mismos a los demás, por lo que tratamos de corregir aquello que nos parece mal.

Como hemos dicho, la ira, al igual que otras, es una emoción que hay que aceptar y procesar. Nos ayuda a exteriorizar y a afrontar lo que nos hace sentir mal para saber relacionarnos con los demás, teniendo en cuenta lo que no toleramos y enfocándolo con inteligencia para así pasar a la resolución de problemas, por ejemplo, en una discusión de pareja, o entre compañeros de trabajo.

No cabe duda de que es difícil enfadarse de forma correcta. No obstante, podemos entrenarnos para cuidar al menos estos aspectos cada vez que tengamos un ataque de ira:

En primer lugar, la relación con la persona o grupo de personas con las que nos enfadamos; en segundo lugar, nuestra salud (tanto física como mental); y, por último, la defensa y protección de nuestros propios intereses, así como la posibilidad de expresar nuestros sentimientos de forma inteligente pero decidida.

La ira se divide básicamente en tres categorías, según el psicólogo estadounidense J. Averill. La primera forma de ira es enormemente malévola. Expresa un deseo de venganza, de desprecio. Luego hay una segunda clase de ira que representa el desahogo. Exterioriza una tensión y, por desgracia, suele perjudicar a los que no tienen culpa. Por último, también existe un tipo de ira benévola, la ira constructiva. Es la que nos permite imponer nuestras razones y motivaciones, cuestionándonos, transmitiendo compromiso y reforzando las relaciones de cualquier naturaleza. Este es el único tipo de ira que es justo y fundamentalmente útil.

A menudo tenemos que presenciar las rabietas de nuestros hijos, por ejemplo, cuando se niegan a comer o a irse a la cama, y empiezan a gritar, a llorar, a tirar cosas; incluso aunque sean bebés.

Esto nos recuerda que la ira es algo innato. Es un instinto primario. Su propósito es poder defendernos en cualquier parte. Por tanto, surge como una función de adaptación del ser humano a su entorno.

Desde poco después de nacer, el entorno y las situaciones comienzan a cambiar. A veces nos enfrentamos a circunstancias hostiles y se nos puede privar de algo que queremos. Es precisamente ahí donde la ira comienza a manifestarse y a afianzarse, transformándose de adaptativa a no adaptativa, creando desequilibrio y malestar con el tiempo.

Una herida, una molestia, la necesidad de agredir a la primera persona que veamos, el no ser comprendidos y entendidos por quienes amamos, las frustraciones, el nerviosismo... a raíz estos estímulos, la ira comienza a inundarnos con toda su fuerza.

Al final, es una emoción con carácter sinusoidal. Todos tenemos malos momentos. La ira puede fluctuar hasta alcanzar picos muy altos de furia o descender hasta un nivel menos intenso de molestia, impaciencia o irritación. Puede durar más o menos tiempo y modifica el tono de voz: intenso, estridente, sibilante, amenazante... También aumenta la sudoración y cambia nuestra expresión facial, preparando al cuerpo para la acción.

Así que debemos recordar que no estamos equivocados ni somos inútiles; la ira en sí misma sigue siendo una emoción que hay que aceptar y comprender.

Esta sensación se vuelve no adaptativa o patológica cuando crea malestar en nosotros mismos y en los demás, cuando nos lleva a realizar acciones peligrosas o cuando condiciona nuestras relaciones y nuestro equilibrio interior. Si el niño al que se le niega una necesidad llora y se desespera porque aún no sabe cómo gestionar la ira como un adulto, nosotros tenemos el poder de enseñarle a canalizarla y a liberarla con actividades alternativas, fortaleciendo también nuestra conciencia. La clave está en entrenarnos en favor de nuestro bienestar y no quedarnos estancados en lo que una emoción nos provoca.

CAPÍTULO 2
UNA VISIÓN MÁS DETALLADA: SABER IDENTIFICAR LAS CAUSAS DE LA IRA

Cuando sentimos que estamos teniendo un ataque de ira y perdemos la paciencia, es bueno cuestionarnos *a posteriori* cuál ha sido el motivo, buscando a fondo las verdaderas causas de esa ira.

Si nos detenemos a reflexionar y hacemos un examen de autoconciencia, podríamos descubrir y valorar que, casi con toda seguridad, no estamos atacando ese suceso concreto o a esa persona o situación específica. De hecho, lo más probable es que las causas se remonten a circunstancias pasadas, potencialmente traumáticas y perturbadoras, que aún hoy influyen en nuestro comportamiento, recreando esa sensación de ira y nerviosismo. Son, por tanto, acontecimientos pasados que persisten en nuestra mente.

Por supuesto, también sería muy interesante determinar qué hechos concretos desencadenan en nosotros ese sentimiento de ira y frustración, antes de juzgarnos negativamente.

En primer lugar, la ira puede producirse cuando pensamos que no hemos conseguido algo que merecíamos: una recompensa, la obediencia de nuestros hijos, la aprobación y el reconocimiento de un familiar o en el trabajo... Sentimos que las demás personas no reconocen el esfuerzo y la dedicación que estamos poniendo. El hecho de que no se nos agradezca todo lo que quisiéramos suele provocar estallidos de ira.

Ser agredido verbalmente o sufrir una injusticia son otros actos molestos que sin duda nos llevarán a tener un mayor sentimiento de ira, con el objetivo de defendernos de un ataque potencial. Por lo tanto, será decisivo replantearse también el acontecimiento y decidir si realmente tenemos derecho a estar enfadados o si el asunto puede resolverse pacíficamente una vez que haya pasado todo el enfado.

Otro elemento que contribuye a aumentar esta emoción destructiva es el estrés. Un día que empieza con mal pie, las tareas y los compromisos, los contratiempos e imprevistos, los atascos, no encontrar aparcamiento... Son muchos los pequeños acontecimientos que, sumados a lo largo de un día, pueden provocar una gran sensación de estrés y nerviosismo. Esto nos acaba convirtiendo en una olla a presión que puede que explote sobre quienes menos lo merecen.

También podemos experimentar sentimientos de ira si estamos concentrados en hacer algo importante para nosotros y nos interrumpen, cuando nuestra concentración en una tarea que estamos realizando se ve repentinamente perjudicada. Que nos molesten continuamente mientras tenemos que terminar un trabajo, corregir documentos o escribir un correo electrónico a una persona importante, por ejemplo, es muy frustrante y puede prender esa chispa de irritación de un momento a otro.

Además, si somos personas especialmente rígidas, con reglas, normas y valores bien definidos e inamovibles que no aceptan cambios de planes, esto nos llevará inevitablemente a enfadarnos y a estar irascibles. La elasticidad mental y la voluntad de adaptación son muy importantes en estos casos. Es imprescindible entrenar también estas capacidades para poder hacer frente a los acontecimientos e imprevistos que la vida nos depara a diario, sin desesperarnos ni dejar que nos arruinen el día.

En realidad, la ira se desencadena por la forma en la que percibimos las situaciones y las circunstancias. Por ello, nuestra interpretación, personalización y generalización de una acción determinada es tan decisiva, entre otras cosas, porque algo que puede ser muy molesto para nosotros quizá no lo sea para otra persona. Precisamente porque somos nosotros los que valoramos lo que nos pasa y lo que nos ocurre, podemos en cualquier momento decidir si merece la pena hundirnos por esa situación o dejar que prevalezcan pensamientos más positivos y benévolos. Nuestro diálogo interno es crucial. Si nos hablamos a nosotros mismos con intolerancia, esos sentimientos críticos y molestos invadirán nuestra mente.

Así pues, es importante desprenderse de esos sentimientos que parecen absorbernos, observarlos, procesarlos y sustituirlos por algo más positivo y enriquecedor para nosotros.

LA IRA EN EL ENTORNO FAMILIAR

Hemos visto que las causas de la ira pueden ser múltiples, sin olvidar que puede formar parte de categorías más amplias de causas como las genéticas, fisiológicas o socioculturales. A menudo se la señala como una emoción negativa y, por tanto, se la malinterpreta y se la canaliza mal. De hecho, no es raro que las personas especialmente propensas a la ira encuentren la raíz del problema en el entorno familiar. La ira mal gestionada se aprende en la infancia de nuestros padres o de entornos conflictivos y caóticos que han sido una parte importante de nuestra vida. De este modo, si no tomamos conciencia de la situación, también nosotros corremos el riesgo de transmitir a nuestros hijos, como primeros educadores, una forma ineficaz de gestionar la ira. La represión de este sentimiento particular, y especialmente su explosión temeraria, son métodos que hay que legitimar y llevar a cabo para resolver con éxito situaciones y enfados. De lo contrario, solo se convertiría en una forma de aumentar nuestra agresividad y de perjudicar no solo al prójimo sino también a nosotros mismos. Por ello, los científicos y psicólogos recomiendan hacer un ejercicio de identificación de los desencadenantes. Solo así será posible comprender los mecanismos que activan la ira, muy a menudo de forma desproporcionada con respecto al incidente, para reconocerla y aprender a gestionarla y determinar estrategias eficaces para canalizarla de forma satisfactoria y productiva. Precisamente por eso, los ataques de ira forman parte de la gestión de los sentimientos. Es sin duda un reto complejo, entre otras cosas porque, salvo algunos casos de individuos especialmente irascibles, como hemos visto, la mayoría de las veces la ira tiene causas muy íntimas y profundas, que deben investigarse y asumirse; de esta forma, se toma mayor conciencia de esta. Además, la ira que se suele experimentar en la relación entre padres e hijo es una de las más frecuentes. Es inevitable que sea una fuente de estrés, preocupaciones y sentimientos de culpa. A pesar del amor que sentimos por nuestros pequeños, sería imposible negar que ese fuerte vínculo también genera emociones conflictivas y negativas. Y es que educar no es una tarea sencilla. La labor de los padres es compleja y los problemas que conlleva suelen ser numerosos y frustrantes. Muchas veces acabamos el día cansados y agotados, y el estrés y la ansiedad que provocan los niños pueden aumentar los niveles de nerviosismo y la dificultad para mantener la calma y la cordura. Por no hablar de la presión externa que supone deber aplicar un método educativo correcto y satisfactorio que luego no se corresponde con la realidad, pues debemos enfrentarnos a miles de rabietas y conflictos. Por supuesto, a pesar de todas las buenas intenciones, no siempre es fácil tener éxito en nuestros propósitos, que se nos escuche y se nos obedezca. Todo este cúmulo de situaciones, emociones y vivencias son lo que alimenta la ira y el nerviosismo.

¿ES LA IRA LA SOLUCIÓN ADECUADA?

La respuesta es no. La ira en sí misma es una emoción muy arraigada que hay que analizar, pero nunca es la solución adecuada, sobre todo cuando está cargada de agresividad y tiene un carácter destructivo con las personas y las cosas que nos rodean. Además, el físico también sufre. De hecho, la ciencia afirma que la ira aumenta el riesgo de padecer problemas cardiovasculares, trastornos gastrointestinales, cefalea crónica e insomnio.

Por estas razones es necesario afrontar el problema e intentar resolver la situación que genera el conflicto. Aprender a expresar y canalizar los sentimientos es esencial y a la larga es la única opción acertada.

OTROS ESTUDIOS AL RESPECTO

El acto de gritar representa fundamentalmente un signo de impotencia. No nos aporta razón ni ventaja en ninguna discusión. Más bien, es necesario saber razonar y calmarse para mantener el control de la situación, porque los gritos aparecen cuando se pierde ese control. Por lo tanto, esto no conducirá a una mejor expresividad, sino todo lo contrario: arruinará por completo la forma del mensaje que queremos transmitir, tanto si la discusión es con adultos como si es con niños.

Como hemos visto, los gritos dañan el cerebro y, en los niños, esto provocará inevitablemente la adopción de comportamientos agresivos o defensivos, según su carácter. Un estudio realizado con 1000 familias con niños de 1 a 2 años en las que la forma de gestionar las discusiones es a base de gritos asegura que los hijos sufren repercusiones negativas hacia los 14 años, con la aparición de trastornos depresivos y de conducta. En comparación con familias más tranquilas y con mayor inteligencia emocional, se ha comprobado que estas han conseguido educar a niños sanos, seguros y emocionalmente estables.

Otra investigación realizada en la Universidad de Harvard, en el Departamento de Medicina y Psiquiatría, ha confirmado que los gritos, las palabrotas, las agresiones verbales y las humillaciones, o la combinación de uno o varios de estos elementos, contribuyen a alterar la estructura cerebral del niño.

Para ello, se tomaron como muestra 50 niños criados de malas formas con otros 100 de familias con un método educativo sano. Los resultados, sin duda alarmantes, determinaron una reducción de las fibras nerviosas que conectan los dos hemisferios del cerebro en los niños del primer grupo. Esto da lugar a una mala conexión entre los dos hemisferios, lo que a nivel psiquiátrico puede conducir tanto a trastornos de la personalidad como a una inestabilidad emocional y cambios de humor constantes. A raíz de estas investigaciones también se ha verificado que estos niños son incapaces de mantener una concentración elevada.

CAPÍTULO 3
POR QUÉ LA TRANQUILIDAD Y LA POSITIVIDAD SON LAS MEJORES HERRAMIENTAS PARA EDUCAR A LOS NIÑOS

Preservar la calma y la armonía en la familia no siempre es fácil. Quien tenga hijos sabe de lo que hablo. Por mucho que uno los quiera, la paciencia a veces llega a su límite y los gritos y la frustración no tardan en aparecer. Sin embargo, varios psicólogos han afirmado en los últimos años que gritar a un niño, sobre todo en los primeros años de vida, nunca es una buena idea, ni mucho menos la única solución. Gritar parece lo más obvio y automático ante las provocaciones, rabietas y desobediencias de nuestros hijos. Es una forma de desahogo para padres que están cansados y emocionalmente agotados, una estratagema para recuperar la atención de los niños hacia nosotros, o simplemente para infundirles miedo y hacerles reconsiderar errores y comportamientos inaceptables.

Pero estos gritos y chillidos son extremadamente perjudiciales y socavan no solo el ambiente, sino también la relación mutua de confianza y estabilidad que debería crearse entre el adulto y el niño. El riesgo que conlleva son los problemas a largo plazo, como sostiene la Dra. L. Markham en su obra *Peaceful parenting, happy kids*.

Evidentemente, si las regañinas se producen de forma puntual y muy esporádica, como resultado de una serie de hechos inaceptables que exasperarían hasta a los padres más experimentados, el riesgo de daño psicológico para los más pequeños es mínimo. Por el contrario, si se utiliza este método como sistema educativo o como parte íntegra de la vida cotidiana, se estarán sentando las bases de problemas más graves que se exteriorizarán en la adolescencia y la edad adulta. Los más pequeños aprenden de los adultos y, sobre todo, de sus padres. Somos sus modelos de conducta y autorregulación,

y tenemos el deber de dar ejemplo para que un niño se comporte como nos gustaría y aprenda a actuar de forma correcta. Siguiendo la "ley del espejo", estaremos de acuerdo en que, si no queremos que nuestro hijo grite, chille o lance objetos, debemos ser los primeros en no caer en ese comportamiento, para que no se vea motivado a repetir la misma dinámica.

Markham señala que el hecho de que un padre grite a su hijo también contribuye a algunos cambios en la actividad cerebral del niño, sobre todo en los neurotransmisores cerebrales. Estos, en situaciones relajadas y tranquilas, envían mensajes de seguridad al cerebro, asegurándole que no hay peligro y que se está a salvo. Sin embargo, al educar a base de gritos, estos mensajes serán todo lo contrario. Lo que transmitirán será una señal de ataque, agresión y conflicto, o quizá de miedo, huida o parálisis. Por eso puede ocurrir que, a la larga, el niño reaccione ante estas situaciones desagradables atacando o golpeando, o quedándose congelado y huyendo de esos gritos y amenazas tan incapacitantes para el sistema cerebral.

Esta acción de estímulo-respuesta se consolida cada vez más si el niño continúa viviendo en ambientes caracterizados por el conflicto, los gritos y las palabrotas.

POR QUÉ EVITAR LOS GRITOS Y CÓMO HACERLO

Podemos afirmar sin lugar a duda que gritar no es una forma comunicación en absoluto. En el momento en el que alzamos la voz, no importa dónde y con quién lo hagamos, nuestras razones empiezan a perder credibilidad. En relación con los niños, si un padre decide gritar, los niños aceptarán a la fuerza lo sucedido, pero esto contribuirá a alejarlos de sus padres, pues ya no confiarán en sus figuras parentales como antes y tenderán aún más a no escuchar. Esto nos demuestra que los gritos no sirven para nada a la hora de conseguir nuestro objetivo principal, que es llevar al niño a la fase de escucha y corrección.

Optar por no elevar el tono es también importante, además, para no transmitir al niño la creencia de que gritando y alterándose se puede resolver cualquier adversidad.

Pero ¿qué podemos hacer para intentar mantener la calma cuando nos enfadamos? Vamos a tratar de seguir algunos consejos:

1. **Utiliza la risa y el humor:** estas herramientas son definitivamente mejores que los gritos, los llantos o la negatividad. Utilizar el humor es una forma de mantener la tranquilidad, la autoridad y la firmeza ante la situación.
2. **Levanta la voz solo en situaciones importantes:** podemos levantar la voz, por ejemplo, cuando nuestro hijo está en peligro, está pegando a otro niño o está a punto de hacerse daño. La voz alta

servirá para llamar su atención, pero debemos continuar inmediatamente después con un tono de voz normal. En todas las demás circunstancias es bueno entrenarse para mantener un tono de voz tranquilo, suave y fiable.

1. **Favorece el diálogo pacífico:** los gritos solo van a impedir la comunicación entre el niño y tú, por lo que debes intentar crear un diálogo tranquilo y paciente, orientado no solo a expresar sino también a escuchar. De esta forma, la relación con el niño y la confianza se verán claramente reforzadas.
2. **Evita los momentos de estrés:** es recomendable hacer un autoanálisis e identificar qué circunstancias y situaciones te llevan inevitablemente a gritar más. Una vez identificadas, seremos más conscientes de ellas y podremos evitarlas conscientemente.
3. **Cálmate antes de actuar:** trata de recuperar la calma pensando en algo agradable y positivo, especialmente si sientes que has llegado al límite. Tómate un respiro, estabilízate y vuelve a tomar las riendas de la situación para evitar perder totalmente el control.
4. **Ten cuidado con echar la culpa:** no debes exagerar con los reproches ni crear expectativas en tus hijos. No hay que culparles si cometen un error o no logran cumplir con todo lo que nos gustaría. Recordemos que siguen siendo nuestros hijos y que es

importante que sean felices, se diviertan y lleven una vida sana.

Por tanto, podemos afirmar que una educación sana que fomente la libertad tiene muy poco que ver con los gritos, las amenazas y las imposiciones, por no hablar del daño psicológico. Detrás de los gritos constantes que están a la orden del día se esconde una frustración y una incapacidad de adoptar alternativas para enseñar a los hijos. Gritar puede ser simplemente la liberación de una energía que necesita salir, pero no puede ser ni será nunca un método válido de educación o un modo de comunicación eficaz, menos aún si los destinatarios son niños.

"Dime y lo olvido, enséñame y lo recuerdo, involúcrame y lo aprendo". - B. Franklin

¿QUÉ SENTIMIENTOS HAY DETRÁS DE NUESTRA IRA?

A menudo, elevar el tono es simplemente una forma de librarse de otros sentimientos más complejos que se esconden detrás del enfado. Pueden ser sensaciones como la vergüenza, el miedo y el dolor, o estados físicos y psicológicos como el estrés y la fatiga excesivos o la falta de sueño. Comprender lo que hay detrás de nuestro enfado es muy importante para poder frenarlo más adelante. Además de las preguntas que formulamos en el capítulo anterior, como "¿por qué estoy enfadado?" o "¿con quién estoy enfadado?", debemos plantearnos también "¿qué estoy experimentando en este momento además del enfado?" y "¿hay otras emociones además de la ira?".

Es importante cuestionarnos a nosotros mismos y averiguar si realmente hay algo dentro de nosotros que necesita asimilarse, por ejemplo, si hay algo que tenemos que solucionar o si hay una necesidad que de primeras ignoramos, para seguir esforzándonos por ser mejores personas día a día, siendo conscientes de que el padre totalmente perfecto no existe.

GRITAR MENOS: EL MEJOR REGALO QUE PODEMOS HACERLE A LAS SIGUIENTES GENERACIONES

La experta estadounidense en conducta infantil Rona Renner explica, ilustrando su método en la obra *Dejar de gritar es fácil*, que nunca es demasiado tarde para aprender a no gritar. En el momento en el que empecemos a gritar menos, percibiremos inmediatamente cambios tanto en nuestra salud como en nuestro grado de felicidad cotidiana. "Dejar de gritar es un gran regalo que nos hacemos no solo a nosotros mismos, sino también y sobre todo a nuestros hijos y a las generaciones futuras", añade Rona.

En su obra mencionada, hemos identificado varios conceptos que nos ayudarán a romper esa conducta de gritos y chillidos que nos viene acompañando desde la infancia, y que muy probablemente estemos reproduciendo ahora con nuestros hijos.

En primer lugar, es fundamental hacer introspección para averiguar si nuestro comportamiento de ira y susceptibilidad no proviene de alguno de nuestros padres o figuras educativas de nuestra infancia.

Para romper esta cadena de ira y negatividad, tenemos que empezar por preguntarnos por qué estamos enfadados, por qué gritamos. A menudo gritamos porque, a su vez, hemos sido educados por personas que nos han gritado; se trata de un comportamiento aprendido que tenemos arraigado desde la infancia. Una experiencia infantil que estamos reproduciendo.

Pero echemos una vista al pasado: si rememoramos los recuerdos y los analizamos, podemos comenzar a trabajar en romper esa espiral de conductas inapropiadas. Ahora somos adultos. Podemos entender y perdonar a nuestros padres, pues ya nos somos niños y somos nosotros quienes debemos cuidarnos. Y si somos nosotros quienes desempeñamos ahora un papel de padres, podemos decidir romper con esa cadena de gritos, hacerlo mejor y no repetir los mismos comportamientos.

A menudo nos enfadamos y nos estresamos ante los miles de compromisos y contratiempos. Puede que incluso nos alteremos con otras personas y nos llevemos los problemas a casa con nosotros. Así es como acabamos descargando las frustraciones en nuestros hijos y familiares, aunque no tengan culpa de ello.

Al fin y al cabo, muchas veces visualizamos a los niños como objetivos fáciles. Hay que empezar por preguntarse "¿con quién estoy enfadado?"

Aunque a quien gritemos sea a nuestros hijos, tal vez estemos albergando odio y rabia en nuestro interior por nuestra pareja, por un compañero de trabajo o por una situación molesta con la que debemos lidiar. Pongamos un ejemplo: Teresa lucha con su hijo para convencerle de que se vista y vaya al colegio mientras su pareja, completamente indiferente a lo que ocurre, se limita a estar apartado del conflicto y a mirar el móvil. Teresa comienza entonces a gritar a su hijo, lo que le hace perder toda la paciencia.

¿Está Teresa realmente enfadada con su hijo? En su interior es consciente de que solo se trata de un niño. En realidad, no es el pequeño lo que la ha enfadado, sino la indiferencia y la falta de ayuda de su marido. Pero acaba vertiendo su ira sobre el chiquillo, porque es más fácil e inmediato, en lugar de pedir expresamente a su pareja que le eche una mano.

Este es solo un ejemplo, pero vamos a detenernos un momento y a preguntarnos si nos ha ocurrido algo similar. Al darnos cuenta de que la ira que proyectamos en alguien o algo en realidad la ha provocado otra persona, comenzaremos a modificar nuestro comportamiento con el desafortunado de turno, que puede ser nuestro hijo, nuestro hermano o incluso nuestro perro. Esto será un punto de inflexión en nuestro crecimiento como personas que nos enseñará a no gritar y a pensar antes de actuar. Descargar la ira y la frustración en quienes no tienen la culpa no es bueno para nuestras relaciones ni para nosotros mismos. Por tanto, debemos aprender a ser conscientes de nuestra ira, a investigarnos y a cuestionarnos por qué estamos enfadados cuando gritamos, pero sobre todo con quién.

IDENTIFICAR Y ACEPTAR EL TEMPERAMENTO DE LOS DEMÁS

Después de haber identificado qué es lo que nos impulsa a gritar y decir tacos a alguien, el siguiente paso es identificar los elementos que intensifican este mal hábito.

Uno de los primeros factores que propician los gritos y las peleas tiene que ver con el temperamento: el nuestro, el de nuestro hijo y la combinación de ambos cuando interactúan entre sí.

Nos referimos básicamente al comportamiento y a las luchas de poder que se producen entre el niño y el padre.

Por lo tanto, también es necesario centrarse en las diferencias de comportamiento, ya que es lo que nos abrirá la puerta hacia la conexión y el entendimiento entre nosotros y nuestro pequeño.

Este trabajo puede arrojar interesantes resultados y estrategias que, sin duda, nos ayudarán a gritar menos y a ser más alegres y proactivos con nuestros hijos.

Un pilar fundamental en el que se basan las relaciones sanas es aceptar a los demás por lo que son.

Si aprendemos a comprender, aceptar y respetar el temperamento y la forma de ser de nuestro hijo, podremos amarlo de verdad y adoptar un sistema educativo eficaz, modelado según su forma única de ser y de interactuar con el mundo. De esta forma, estaremos fomentando un estilo de crianza que va a satisfacer no solo nuestras expectativas, sino sobre todo sus necesidades como un pequeño (futuro) hombre o mujer.

Pero ¿cuáles son los rasgos básicos de un temperamento?
Entre ellos se encuentran:

- **La sensibilidad:** nuestro hijo puede ser más o menos sensible a determinados ruidos, sonidos, sabores, olores, etc.
- **La actividad:** el niño puede ser muy vivaz o tener una personalidad extremadamente tranquila.
- **La adaptabilidad:** es la capacidad de adaptarse (o no) rápida o lentamente a los cambios y a las nuevas situaciones.
- **La intensidad:** el tener o no fuertes respuestas emocionales.
- **Los estados de ánimo:** si es un niño generalmente alegre y entusiasta o serio e introvertido.
- **La forma de acercarse:** si es un niño que se lanza

a situaciones nuevas o a conocer gente nueva o si prefiere ser cauteloso y reservado.
- **La perseverancia:** si insiste para conseguir algo o resolver un problema o se desanima fácilmente.
- **La regularidad:** si adopta hábitos y ritmos regulares para realizar sus actividades.
- **La capacidad de distracción:** si nuestro hijo consigue mantener niveles de atención altos o bajos en determinadas actividades.

Podemos cuestionarnos e intentar comprender ampliamente cuáles son los rasgos de carácter de nuestro hijo, aceptarlos y convivir con ellos ante todo con franqueza y respeto,

así como también podemos evaluar nuestro propio temperamento.

Al hacer esto podemos descubrir, por ejemplo, que nosotros somos más sensibles y no podemos hacer frente a las actitudes más intensas de nuestros hijos.

Sin embargo, somos nosotros los que tenemos que adaptar nuestras respuestas a su comportamiento, según cómo se desenvuelvan. Si tenemos un hijo que se desanima fácilmente y es poco perseverante, hay que estar a su lado y apoyarle cuando haga los deberes. No debemos enfadarnos ni gritarle, así como tampoco hay que ignorarlo; tenemos que estar presentes.

Si, desgraciadamente, por tu naturaleza eres muy parecido al pequeño y también te desmoralizas inmediatamente, elige un sustituto para esa actividad, ya sea tu pareja, un familiar o una niñera. Debe ser alguien que pueda ofrecer pacientemente la respuesta motivadora adecuada al pequeño y ayudarle a mejorar su forma innata de afrontar las cosas.

RECOMENDACIONES A LA HORA DE EDUCAR

No existe un manual del padre perfecto, pero podemos establecer algunos trucos y pautas a seguir en nuestra crianza.

1ª recomendación: establecer límites claros

Todas las reglas y barreras bien pensadas, así como los fatídicos "no" que nunca gustan a los niños, son, sin embargo, imprescindibles para educar bien a nuestros hijos. Es muy importante establecer límites claros y precisos. No solo ayudan a definir y contener el comportamiento del niño (o del adolescente), sino que también le ayudan a desenvolverse con tranquilidad en el mundo y a establecer sus propios límites psíquicos.

No debemos tener miedo de contradecir a nuestro hijo, de ser capaces de decir "no". Hay reglas y límites que deben dictarse de forma clara y dominante. Esto es sumamente necesario para que nuestros hijos también aprendan correctamente cuáles son los espacios y las formas en las que pueden moverse.

Cada "no" debe estar siempre justificado, por lo que es bueno adoptar una estrategia comprensible y coherente. Para el niño, un "no" dicho sin una justificación que lo respalde es una forma de injusticia con la que pretendemos ejercer el poder de decisión de la nada o basado en nuestros malos sentimientos. Un "no" mal explicado solo provocará más malentendidos, frustración y enfado.

2ª recomendación: ser coherente

Para ello, toda norma y toda enseñanza que se pretenda

impartir a los hijos debe ser lineal y coherente, y debe mantenerse a lo largo del tiempo. Si un día Teresa le quita la *tablet* a su hijo porque tiene una rabieta y no quiere irse a la cama, pero al día siguiente se la deja porque está cansada y no quiere reñir, los esfuerzos por imponer una regla para irse a la cama y escuchar lo que dice mamá serán en vano. El niño, que primero recibe un castigo y al día siguiente no lo recibe, se sentirá incluso confundido por la incoherencia del comportamiento. Es cuestión de tiempo que la madre empiece a perder credibilidad. El niño ya no escuchará y pensará que papá o mamá no van en serio y no pueden imponer límites y órdenes.

Además de la coherencia, el niño también necesita que ambos padres estén de acuerdo en mantener la misma postura. No sirve de nada que uno de los dos progenitores sea bueno y permisivo y el otro sea cruel y estricto.

Ambas figuras parentales deben mantener y compartir la autoridad a ojos de sus hijos. Por lo tanto, también hay que reforzar la coherencia en este sentido.

3ª recomendación: **utilizar el refuerzo positivo**

Cuando las peleas familiares están a la orden del día, especialmente los conflictos relativos a la relación entre padres e hijos, es fácil perder de vista lo bueno y centrarse solo en lo malo. Nuestra atención comienza a dirigirse solo a lo que está mal y a lo que debe corregirse en nuestro hijo, olvidando sus cosas buenas y cada pequeña mejora. Es fundamental procurar no verlo todo negro, sino proponerse reforzar las conductas positivas y elogiarlas, animando al niño a repetirlas y a superarse cada día. El refuerzo positivo, practicado a menudo de forma constante, es más eficaz que los métodos de castigo. El niño o adolescente se sentirá apreciado y reconocido por lo que está haciendo, por el comportamiento adecuado que está aplicando, y estará aún más motivado para cambiar y mejorar.

Eso sí, para llevar este método a cabo es necesario armarse de paciencia y fuerza de voluntad. Somos nosotros quienes tenemos que desempeñar el papel de padres y no intentar delegar en otros la educación de nuestros hijos o sus defectos y mal comportamiento. Un ejemplo es el colegio. Mientras que antes se consideraba la figura del profesor como un refuerzo educativo para la familia, al que el alumno rendía respeto y trataba rigurosamente de usted incluso a una edad temprana, ahora muchos padres intentan compensar las carencias educativas que tienen con el sistema escolar. A veces se produce una ruptura total de la relación colegio-familia.

La educación, sin embargo, comienza siempre en el hogar. El colegio solo es un entrenamiento para la vida, donde al niño lo educan para relacionarse con el mundo y consigo mismo, para superar obstáculos, para recibir lecciones o reprimendas o para merecer un ascenso.

Por lo tanto, algunas dinámicas de crecimiento se estabilizarán con el tiempo. Demos confianza a nuestros hijos, a nosotros mismos y a quienes trabajan con ellos cada día. Sigamos estando presentes, siendo coherentes y premiando con refuerzos educativos cada mejora, cada paso adelante. Prestemos atención no solo al nivel de obediencia de nuestro hijo, sino también a elementos mucho más relevantes como la capacidad crítica, la autonomía, la seguridad y, en definitiva, su nivel de madurez general.

CAPÍTULO 4
LA INTELIGENCIA EMOCIONAL EN LOS NIÑOS

En el transcurso de un mismo día, cada uno de nosotros puede experimentar muchas emociones diferentes: ira, alegría, felicidad, ansiedad, tristeza, etc. Sin embargo, todos estos sentimientos no son en absoluto fáciles de reconocer y gestionar para un niño. Como padres, nuestra tarea es guiar a los pequeños en el descubrimiento de las emociones para que aprendan a gestionarlas, estimulando así lo que se conoce como "inteligencia emocional".

¿QUÉ SE ENTIENDE POR INTELIGENCIA EMOCIONAL?

Es esa capacidad que nos permite percibir, etiquetar y expresar una determinada emoción, pero también regularla y gestionarla. También es la capacidad de acceder a un sentimiento concreto o de suscitarlo pensando en él. En definitiva, es lo que hace posible que conozcamos y gestionemos las emociones, de forma que se contextualicen en función de la situación y que se experimenten de la mejor manera posible. Es un tipo de inteligencia necesaria para la supervivencia y la evolución del ser humano.

Ser capaces de controlar y conocer nuestras emociones, modulándolas y también aprendiendo a convivir con ellas, es algo que también es útil para conseguir objetivos y ambiciones en la vida. Si no nos rendimos y somos perseverantes frente a las turbulencias emocionales, conseguiremos lo que nos propongamos y esto hará que nuestra autoestima aumente.

Además, la inteligencia emocional es una habilidad muy demandada también en la edad adulta en el ámbito laboral, sobre todo para desempeñar puestos directivos y ejecutivos. Entre los factores que constituyen la inteligencia emocional podemos destacar la empatía, la intuición, la atención, la calma, el conocimiento de uno mismo y el acercamiento correcto a los demás.

Sin embargo, lograr tener estas cualidades no es una tarea fácil, ya seamos pequeños o mayores. No solo los niños, sino también muchos adultos tienen dificultades para interpretar y afrontar las emociones, especialmente las negativas. Sin duda, lo será aún más para nuestros hijos, ya que (sobre todo si son pequeños) no pueden comprender del todo lo que sienten, como cuando sufren un ataque de ira, cuando les va el corazón a mil después de un susto o cuando se sonrojan por timidez.

No obstante, podemos adoptar ciertos comportamientos para orientar a nuestros hijos en la gestión de sus emociones y aumentar su inteligencia emocional.

Veamos cuáles son.

CÓMO GUIAR A NUESTROS HIJOS EN LA GESTIÓN DE LAS EMOCIONES

- **Dar nombre a las emociones:** muy a menudo, los niños pequeños se sienten frustrados porque no son capaces de comprender plenamente lo que les ocurre. Cuando la respuesta a su petición sea un "no", puede que nuestro hijo reaccione de forma exagerada, pero esto no es más que una forma típica de reaccionar de un niño que aún no es capaz de gestionar las emociones intensas que siente en ese momento. Por eso es importante conocer estas emociones y aprender a darles el nombre adecuado. Ponerles nombre ayuda a la mente a aceptar, comprender y superar el problema. Si, por ejemplo, nuestro hijo nos pregunta si puede seguir viendo los dibujos animados, pero es hora de acostarse y le decimos que no, en ese momento puede empezar a llorar, gritar y tirar los juguetes. Se trata de un comportamiento agresivo, pero hay que intentar calmarlo y hablar con él, tratando de hacerle reflexionar sobre la situación. Podríamos decirle: "Sé que querías quedarte despierto un poco más porque estabas viendo tus dibujos favoritos, pero mamá y papá te han dicho que es tarde y nos tenemos que ir todos a la cama. Estás muy cansado y mañana tienes que ir a la guardería con tus amigos, y debes tener las pilas recargadas para jugar con ellos. Vamos a quedarnos aquí juntos un ratito más, hasta que ya no estés enfadado, y después nos vamos a la cama".

- **reconocer las emociones del niño y legitimarlas:** nunca menosprecies, niegues o te burles de las emociones de tu hijo. Esto no contribuye al correcto desarrollo de la inteligencia emocional del niño, ya que es necesario reconocer y valorar sus emociones en cada ocasión. Esto no significa estar siempre de acuerdo con nuestro hijo, sobre todo si se enfada o si no quiere obedecernos (por ejemplo, si le pedimos que se vaya a la cama o que guarde sus juguetes). Cuando hablamos de legitimar una emoción, estamos hablando de aceptar lo que nuestro hijo siente y hacerle saber que estamos ahí con él, dispuestos a comprenderle y escucharle. Si acompañamos a nuestro hijo a la guardería y llora porque tenemos que despedirnos, no debemos infravalorar lo que siente diciéndole que no hay motivo para llorar o que sus compañeros no lloran, sino que debemos aceptar sus sentimientos de tristeza: "Sé que te sientes triste, pero mamá estará aquí al final del día. Mientras tanto, intenta aprender muchas cosas nuevas y jugar con tus amiguitos. Cuando vuelva a recogerte me lo contarás todo y nos iremos a tomar un helado con papá". Así que recordemos que, si nuestro hijo llora, tiene todo el derecho a hacerlo, a sentir esa emoción y a expresarla. Nuestra tarea no es negar la parte emocional, sino hacerle comprender que no está solo, que entendemos lo que está viviendo. Y si no somos buenos hablando, un abrazo tranquilizador dice mucho más que mil palabras. Aunque nuestras palabras, en ese momento, no consigan calmar a nuestro hijo o animarle en estos momentos puntuales del día, es bueno saber que a pesar de ello él es capaz de percibir nuestras actitudes. De hecho, se dará cuenta de que mamá o papá han estado dispuestos a escucharle y a respetar lo que está viviendo en ese momento, y esto le ayudará a experimentar cada vez más las emociones que surjan de forma saludable.

- **Enseñar a nuestros hijos a convivir con sus emociones:** cada vez que una emoción, especialmente una negativa, nos aflige, tendemos inmediatamente a reprimirla o alejarla (ansiedad, miedo, tristeza, etc.), o al menos intentamos sustituirla por emociones más agradables. Sin embargo, para desarrollar la inteligencia emocional y experimentar los sentimientos de forma saludable, es necesario convivir con ellos, incluso con los menos agradables. Es importante sentir, acoger y experimentar lo que nos ocurre con tranquilidad. Cuando estemos listos para dejarlo ir, lo haremos. Pero si lo reprimimos o fingimos que no pasa nada, se corre el riesgo de que esa emoción quede sin resolver, y esto puede provocar que aflore en otro momento de forma aún más intensa e inesperada (por ejemplo, en una situación de mayor cansancio o estrés). Lo mismo ocurre con nuestros hijos. Si el niño está muy enfadado porque, por ejemplo, uno de sus amiguitos en una fiesta le ha quitado un juguete, no basta con decirle "¡no te enfades!". Podemos probar a decir: "Sé que estás enfadado porque ese niño te ha quitado el juguete mientras lo estabas usando. ¿Le preguntamos si quiere devolvértelo? ¿O si quiere que juguéis juntos?". De este modo, el niño también tendrá su espacio para razonar sobre lo que le ha hecho enfadar y, al mismo tiempo, tratará de buscar una solución para gestionar esa emoción negativa, en este caso la ira. Siguiendo este proceso, el niño se calmará gradualmente, dejará de sentirse abrumado por sus emociones y aprenderá el mecanismo correcto para manejarlas.

- **No existe la emoción equivocada:** por ello, no debemos regañar al niño por expresar sus emociones. Si llora, está triste, se enfada o se frustra, reñirle transmitiría la idea de que esas emociones están mal y que no es sano sentirlas. Por el contrario, como hemos aprendido hasta ahora, toda emoción tiene derecho a ser vivida, experimentada y aceptada; debemos aprender a vivir con cada una de ellas. Todas, positivas o negativas, tienen el mismo derecho a expresarse. La tarea de nosotros como padres es apoyar a nuestro hijo para que las exprese de la mejor manera posible. Lo que hay que corregir es la forma en la que se manifiestan, no la emoción en sí.

- **Dar siempre buen ejemplo:** los padres debemos ser los primeros en dar ejemplo y un ser modelo correcto de inteligencia emocional para nuestros hijos. Si, por ejemplo, no queremos que nuestro hijo grite o lance cosas cuando está enfadado, nosotros tenemos que ser los primeros en no hacerlo, y dejar que nos vea teniendo actitudes sanas y equilibradas, aunque estemos en una situación de estrés. El niño aprende más con ejemplos directos, es decir, observando nuestro comportamiento, que con mil explicaciones de normas y advertencias. Además, si nos mostramos como oyentes abiertos y acogemos sus emociones, enseñándoles a gestionarlas, les daremos a nuestros hijos una gran lección de vida. También aprenderán a ser comprensivos con los demás y estarán dispuestos a escuchar y a cultivar la empatía, que es una piedra angular de la inteligencia emocional.

- **Utilizar el juego para distraerse:** si vemos que nuestro hijo se comporta de forma irrespetuosa, podemos utilizar el juego para atraerlo y distraerlo de lo que está haciendo. Por ejemplo, si el pequeño está gritando a su hermano porque le ha robado los rotuladores, podemos distraerle inventando algo como: "Oye, Marcos, no encuentro la carpeta donde guardaba todos tus dibujos, ¿me ayudas a encontrarla? Quien la encuentre primero, gana". De este modo, nuestro hijo no se obsesionará con el hecho de que su hermano pequeño le haya robado los colores, sino que entenderá que, si de vez en cuando coge algo que le pertenece, no pasa nada, todo está bajo control y se puede seguir jugando y haciendo muchas otras cosas divertidas.
- **Crear un espacio en el que el niño se sienta seguro para expresarse:** todo niño necesita sentirse seguro para expresar sus sentimientos, por lo que los padres debemos crear un entorno en el que el niño se sienta cómodo, escuchado y aceptado cuando comparte sus emociones con nosotros. Los niños suelen tener miedo de sus emociones y son incapaces de vivir con ellas y aceptarlas, de modo que las

reprimen hasta que se sienten capaces de expresarlas con confianza y seguridad.

Apoyar a nuestros hijos en el desarrollo de su inteligencia emocional es un reto diario. Todo padre debe armarse de paciencia para ayudar a su hijo a gestionar y controlar sus emociones. No debemos darles la solución, a menos que nos lo pidan expresamente, sino que debemos estimularles para que ellos mismos consigan el objetivo y pongan en marcha un modelo sano para razonar y dar nombre a sus sentimientos. De esta forma, adoptarán las pautas correctas para aprender a vivir con ellos. Confía en ellos y ayúdales siempre a encontrar nuevas formas de entender y controlar lo que sienten. Ser empático es la base de todo, pero no basta con eso. Es necesario dar ejemplos y modelos de conducta positivos, hablar con ellos y darles las herramientas adecuadas para que no se sientan víctimas de lo que sienten. En el caso de los niños más pequeños, que aún no comprenden del todo nuestras palabras y razonamientos complejos, podemos seguir haciéndoles sentir nuestra cercanía y nuestra presencia, ayudándoles a superar esas fases de ansiedad, estrés y frustración con un abrazo, un mimo o un tono de voz dulce y tranquilizador. Es importante transmitirles nuestro apoyo incondicional. De hecho, el desarrollo de la inteligencia emocional y la educación de los niños comienza cuando aún llevan pañales. Nunca es demasiado pronto para expresar cercanía, comprensión y seguridad, y hacer que nuestros hijos sientan que realmente pueden confiar en nosotros y que pueden expresar plenamente sus emociones.

LOS 5 PASOS PARA FOMENTAR LA INTELIGENCIA EMOCIONAL EN LOS NIÑOS

1. La inteligencia emocional se aprende en familia

Así es: el desarrollo de la inteligencia emocional empieza con mamá y papá. Por lo tanto, trata de dar a tus hijos ejemplos de conciencia, empatía y comprensión, empezando por ti mismo. No subestimes las rabietas y los momentos de tensión; de hecho, estos pueden convertirse en importantes momentos de crecimiento y evolución para toda la familia. Debemos aceptar el comportamiento de nuestros hijos y hacer que se sientan comprendidos, escuchados, acogidos y nunca menospreciados.

2. Ayudar a los niños a expresar sus sentimientos y emociones

Ayudar a los niños a poner nombre a lo que sienten sigue siendo una de las mejores maneras de desarrollar la inteligencia emocional en ellos. Esto les permitirá conocer los distintos sentimientos, interiorizarlos y, con el tiempo, aprender a gestionarlos sin agobiarse ni asustarse.

3. El frasco de la ira y el frasco de la felicidad

Para ayudar a los niños a saber convivir con sus emociones, también podemos utilizar juegos como el frasco de la ira y el frasco de la felicidad. En el frasco de la ira, por ejemplo, se echarán todos los sentimientos negativos: ira, miedo, tristeza, etc. Es buena idea escribirlos en un papel y luego arrugarlos y tirarlos, ya sea física o simbólicamente. Lo mismo ocurre con el frasco de la felicidad, en el que habrá que meter los momentos felices y los pequeños logros. ¡Dale rienda suelta a la imaginación!

4. Reconocer los sentimientos de los niños

Debemos aprender a reconocer primero las emociones de nuestros hijos, aceptándolas con paciencia y aportándoles calma, seguridad y protección. Como adultos, sabemos que las emociones negativas también existen y no debemos negarlas solo porque no podemos permitirnos perder el tiempo en ese momento con un niño que llora o tiene una rabieta. Cada emoción tiene su propio desarrollo y, por lo tanto, debe ser validada. Un niño tiene todo el derecho del mundo a poder expresar sus sentimientos, ya sea ira, miedo, desconcierto o alegría. Nos corresponde a nosotros guiarle para que se sienta protegido y comprendido en lugar de reprimido al expresar emociones y sentimientos.

5. Ayudar a los niños a resolver la situación por sí mismos

Una vez identificada la emoción que experimenta nuestro hijo, hay que apoyarle para que la afronte, pero dejando que sea él quien busque y decida la mejor manera de afrontarla. No debemos servirle la solución ni consejos "de adultos" en bandeja de plata. Hay que hacer que el niño se plantee tranquilamente sus propias soluciones y proponga lo que hay que hacer para resolver el problema, ayudándole y animándole al mismo tiempo.

LOS ADULTOS TAMBIÉN PUEDEN EJERCITAR SU INTELIGENCIA EMOCIONAL

¿Sabías que los adultos también podemos ejercitar nuestra inteligencia emocional? A continuación, expondremos algunos pasos esenciales para desarrollar esta habilidad también en nosotros, los padres. Y es que la inteligencia emocional es una aptitud que puede mejorar varios ámbitos de la vida: ayuda, por ejemplo, a ser empático, carismático y a atraer a la gente; contribuye a tener un estilo de vida lleno de aficiones e intereses; crea un clima positivo dentro y fuera de nosotros que los demás notarán; y podremos transmitir confianza, asertividad y crear un entorno acogedor y de colaboración.

1. Escuchar al propio cuerpo

Cada una de las emociones que experimentamos se caracteriza por una reacción fisiológica específica, como la sudoración, una aceleración de los latidos del corazón, un cambio en la frecuencia respiratoria y otras sensaciones que se localizan en zonas específicas del cuerpo. ¿A quién no le ha sucedido ver a la persona de la que estamos enamorados y sentir las famosas mariposas en el estómago? O ese nudo en la garganta cuando estamos tristes, asustados o no hemos superado alguna discusión. Todo esto son sensaciones provocadas por las emociones. El primer paso para entrar en contacto con el propio cuerpo es la observación. A través de la observación podemos reconocer los efectos de nuestros sentimientos en nuestro cuerpo y poner en marcha las siguientes habilidades.

2. Aprender a gestionar las emociones negativas

Saber gestionar las emociones negativas que nos invaden es otra técnica muy importante para desarrollar la inteligencia emocional y conseguir una vida más feliz y equilibrada. Cuando estamos bajo estrés o un acontecimiento nos provoca una fuerte reacción emocional, es importante ser capaz de dirigir esa corriente de la manera más beneficiosa posible. Si estamos enfadados con alguien o disgustados por una situación, antes de hacer o decir nada debemos tomarnos un momento para respirar profundamente y contar lentamente hasta 10. Buscar un espacio de distanciamiento en lugar de dejarse llevar por la impulsividad, aunque sea por unos segundos, nos ayuda a visualizar mejor el modo de afrontar y comunicar el problema. De esta manera podemos reducirlo en lugar de amplificarlo o agravarlo con nuestras acciones y palabras. En otras palabras, parar, respirar y tomarse un minuto para concentrarse nos ayudará a reducir en gran medida la situación desagradable. Si, a pesar de los 10 segundos para respirar, seguimos sintiendo presión y fuertes emociones destructivas, será mejor alejarnos del lugar donde se produce el problema e intentar tranquilizarnos antes de decir o hacer cosas de las que luego nos podamos arrepentir.

3. Identificar nuestros puntos sensibles

Es importante poder identificar cuáles son nuestros puntos sensibles, es decir, las debilidades que cuando se tocan nos hacen estallar. Saber cómo y qué puede hacernos entrar en crisis o puede alterarnos si otros nos tocan en esos puntos será muy útil para tomar conciencia de la situación. Una vez que hemos identificado nuestros puntos sensibles, tenemos que tratar de identificar los estímulos que desencadenan esa reacción emocional concreta en nosotros e intentar utilizar esta información en nuestro beneficio para cambiar la situación. Vamos a tomar como ejemplo el caso de Andrés, que se ponía como un basilisco cada vez que no le daban la razón y no compartían su punto de vista o, peor aún, se burlaban de él o lo criticaban. Se ponía aún más nervioso si las personas con las que hablaba eran personas a las que esperaba impresionar o en las que tenía gran confianza y expectativas de causar una buena impresión. Pero una vez que se dio cuenta de lo que le provocaba, Andrés puso en práctica una estrategia que consistía en cambiar el filtro a través del cual observamos dicha situación, cambiar el "marco mental", para asignar un juicio no tan drástico y más apropiado a cualquier acontecimiento.

4. Prestar atención a las señales sociales

Las personas que tienen un cociente emocional alto suelen ser personas que son capaces de percibir e interpretar con mayor facilidad el mundo que les rodea y a los que les rodean, como por ejemplo las expresiones faciales, aspectos de la comunicación verbal y no verbal (actitudes, posturas, movimientos corporales…) o reacciones físicas (sudoración, tartamudeo, cara sonrojada…), y así consiguen deducir su estado emocional. Además, al ser capaces de captar el estado emocional de la otra persona (que puede ser, por ejemplo, malestar, excitación, duda o tristeza), pueden utilizar esta información para comunicar mejor sus intenciones, ilustrándolas de forma más eficaz. Por ello, es recomendable empezar a escuchar y percibir no solo las palabras sino también el lenguaje no verbal de las personas con quien interactuamos. Eso sí, si bien algunos estados de ánimo son más fáciles de reconocer, otros son menos evidentes y más sutiles, por lo que requieren una atención mayor y más concentrada.

5. Ponerse en la piel de los demás

Ser capaz de ponerse en el lugar de los demás y comprender el porqué de sus comportamientos es otra habilidad que se deriva de la inteligencia emocional. Por ello, podemos intentar entrenarla con la ayuda de otras personas, considerando sus puntos de vista, sus creencias y sus convicciones sobre el mundo y la gente que les rodea. Al hacerlo, la gente se dará cuenta de que está ante alguien que valora lo que se le dice y está dispuesto a dialogar y comprender. Las personas se sentirán escuchadas y esto ayudará a crear un mayor clima de confianza y armonía en nuestras relaciones y nuestro entorno. Además, esta es una habilidad que desempeña un papel importante en muchas profesiones. Teresa, por ejemplo, la utiliza no solo en la familia para escuchar a sus hijos o a su pareja, sino que, al ser comerciante, también empatiza con sus clientes, tratando de entender sus dudas, deseos y miedos. Paco, que lleva años enseñando Historia en un instituto, también utiliza esta habilidad con sus alumnos. Gracias a ello consigue impartir clases amenas y fructíferas, así como un alto grado de satisfacción entre los alumnos y sus familias. Al crear un ambiente relajado y de confianza, los chicos se sienten escuchados y están abiertos al diálogo y más dispuestos a aprender. A pesar de ser dos profesiones tan diferentes, tanto Teresa como Paco activan su inteligencia emocional a diario, ya que deben enfrentarse a comportamientos y personalidades distintas.

6. Tomar conciencia de los pensamientos negativos y perjudiciales

Para cambiar la forma en la que nos sentimos en una situación determinada, según el neuropsiquiatra Daniel Amen es útil practicar un ejercicio llamado en terapia ANT: *Automatic Negative Thoughts*, es decir, "pensamientos negativos automáticos". Este enfoque puede ayudarnos a desarrollar una mayor conciencia no solo de nuestros pensamientos, sino también de su repercusión y efecto en nuestro estado emocional. Cada pensamiento que tenemos, incluso un simple "Hoy tengo que quedar con Lucas", libera agentes químicos específicos en nuestro cuerpo. Ni que decir tiene que un pensamiento negativo influirá desfavorablemente en nuestro estado de ánimo, como, por ejemplo: "Esos dos están hablando mal de mí, me lo huelo". Por suerte para nosotros, de la misma forma, un pensamiento positivo produce optimismo en nuestro cerebro, influyendo también en nuestro estado de ánimo. Por ello, es bueno dedicarnos a menudo palabras y pensamientos de bondad, de gratitud y de ánimo: "Hoy es un día estupendo y doy gracias por el buen tiempo que hace para poder salir a dar un paseo", "hoy estoy muy guapa con este vestido, me gusto", o "siempre he conseguido todo lo que me he propuesto, y esta vez no será menos". Es importante establecer un diálogo optimista y alentador con nosotros mismos y con los demás para mantener nuestro estado de ánimo alto. Los pensamientos negativos, como dice el neuropsiquiatra, son como hormigas que invaden nuestra despensa. Si no te deshaces de ellas cuando aún hay solo un par, ten por seguro que la colonia entera acabará infestando toda la despensa (es decir, nuestra mente). Por lo tanto, hay que tratar de utilizar siempre nuestros pensamientos de forma satisfactoria. No dejemos nuestro cerebro en manos de las hormigas; intentemos practicar con frecuencia el pensamiento positivo, viendo el lado bueno de cada situación, persona o de nosotros mismos. Intentemos también desarrollar y centrarnos en pensamientos constructivos, en cada momento de nuestra vida, tanto como podamos. Tomemos esto como un verdadero entrenamiento, un hábito de optimismo en todos los ámbitos de nuestra vida cotidiana. Los que piensan en positivo consiguen sobrellevar mejor sus días, alcanzar objetivos y sacar lo mejor de sí mismos y de los demás. Para empezar, también podríamos anotar en un diario todos los pensamientos negativos e improductivos que atormentan nuestra mente cada día, solo para darnos cuenta de la frecuencia con la que nos dejamos llevar por ellos en lugar de centrarnos en lo bueno y en nuestra felicidad.

Para concluir:

La inteligencia emocional es una habilidad que puede ser aprendida y desarrollada no solo por los niños sino también por los adultos, y para ello debe ser entrenada constantemente. Es una cualidad que nos permite tener relaciones estables y fructíferas basadas en el diálogo, así como vivir en un entorno tranquilo, estimulante y satisfactorio, no solo en nuestros hogares sino en todos los ámbitos de nuestra vida.

CAPÍTULO 5
LA PATERNIDAD YA NO ES LO QUE ERA

PADRES E HIJOS EN LA ERA POSMODERNA

¿Qué ha cambiado para los padres en esta sociedad, donde los valores parecen haberse vuelto algo más relativos? Antes de nada, es conveniente subrayar que la figura del padre perfecto no existe, como tampoco existe la del hijo perfecto. Es algo extremadamente lejano a la realidad. Aunque la vida y la dinámica familiar de otras personas a veces nos parecen mejores que las nuestras, es solo porque las vemos de lejos y no las experimentamos en carne propia. Cada unidad familiar, así como cada individuo, tiene sus virtudes, defectos y limitaciones. Hoy en día también se da mucha importancia al colegio, donde los padres disponemos de figuras competentes y de referencia para emprender junto a nuestros hijos un camino de crecimiento y superación.

Pero ¿cómo se hacía antes, cuando la mayoría de los niños no iban a la escuela ni al psicólogo?

La educación era entonces una tarea exclusiva de los padres que se transmitía de generación en generación. Nadie nacía con un manual de paternidad bajo el brazo. Se convertían en padres y aprendían a serlo a través de sus experiencias. Ser padre es embarcarse en un viaje de inseguridades, incertidumbres y dificultades, pero también de cosas muy bonitas. No hay pautas fijas e inmutables más allá de algunas reglas universales de sentido común. Por lo demás, cada madre y cada padre tiene su propia personalidad, sus valores, sus hábitos y sus creencias, que también transmitirá y pondrá en práctica con sus hijos.

En consecuencia, los hijos también serán personas únicas y diferentes. Criarlos supone, sin duda, un reto, una exigencia de adaptación y ajuste por parte de los padres, así como también una búsqueda de nuevas formas de relacionarse con ellos, ya que las necesidades de ahora son diferentes a las de cuando nosotros éramos niños.

Además, un niño no será siempre el mismo durante su trayectoria evolutiva. A medida que crezca, dejará de ser un niño para pasar a la fatídica adolescencia, que lo preparará para la vida adulta. Durante la fase adolescente aumenta el deseo de descubrir y experimentar, de enfrentarse y e ir a contracorriente del núcleo familiar y de la sociedad, pero también uno comienza a asentarse poco a poco en el mundo y establece nuevos valores, normas y creencias.

El joven adolescente pasará entonces a abandonar la fase protectora y reconfortante de la infancia y querrá salir de ese nido que le había albergado hasta ahora, rechazándolo y chocando con él, para dar un salto (a pesar de mil miedos e inexperiencia) hacia la vida adulta y para descubrir todo lo que aún no ha visto.

Y es que la adolescencia tiene una función evolutiva, ya que trae consigo cambios y revoluciones. Nuestros angelitos comenzarán a rebelarse contra nuestra autoridad, creando inevitablemente enfrentamientos y tensiones en la familia. Sin embargo, no podemos venirnos abajo; debemos estar presentes y tener una gran capacidad de adaptación en esta fase, al igual que mucha paciencia. Sin duda, muchos padres se sentirán desanimados e impotentes, pues la ira y la frustración son frecuentes en esta etapa y siempre está el miedo de que las situaciones se descontrolen.

Vamos a empezar, por tanto, por la concienciación. Rebelarse es un acto integral del crecimiento. No se trata de querer menos a los padres ni de enfrentarse abiertamente y querer hacer daño a toda costa. Todos los adolescentes, aunque no lo admitan, sigue necesitando mucho a su familia. Sin embargo, para los padres es muy agotador aceptar estos cambios y estas amenazas constantes a su autoridad. Además, nuestros hijos también empezarán a cuestionarse la omnisciencia de los padres que daban por hecho unos años antes.

De esta forma, los adolescentes dan un paso atrás y comienzan a distanciarse de los que antes eran sus ídolos indiscutibles, y debemos tener en cuenta que esto lo harán poniendo en práctica gestos de rebeldía, de rechazo a las normas y de aislamiento en su propio mundo. Es un proceso normal, pero tampoco debe caer en el extremo; hay que tratar de que sea sano y natural.

Asimismo, su evolución y autonomía se manifestarán también a través del cuerpo debido a los cambios en el físico, al descubrimiento de la sexualidad y a la alteración de las hormonas. Todo esto llevará a nuestro hijo a sentirse aún más fuerte, maduro y dueño de sus actos.

De por sí es una fase complicada tanto para el adolescente como para los padres. Por un lado, el joven debe enfrentarse a un crecimiento turbulento y, por otro lado, los padres deben ejercitar la contención y la paciencia. A todo esto, hay que sumar el componente de la información (o más bien desinformación) que obtenemos de las redes sociales y de la tecnología en la sociedad actual. Hoy en día, lo real se mezcla a menudo con lo virtual, dictando nuevas reglas, nuevas prioridades y formas de relacionarse y de descubrir el mundo.

Si estuviéramos en un videojuego, la misión principal de los padres modernos, especialmente en esta etapa de transición, sería exactamente esta: saber contenerse ante la transgresión de sus hijos. Es una "batalla educativa" en la que debemos pringar todos los miembros de la familia, pero que muchos padres no suelen combatir.

Las razones son muchas. Como Teresa, por ejemplo, que al educar a su hijo admite la frustración e impotencia que siente ante la infinidad de información errónea que se dirige a los adolescentes de hoy a través de Internet. Hay muchos contenidos para nada educativos y difíciles de filtrar que los niños y adolescentes absorben como esponjas.

Sin embargo, si tantos padres comparten la misma frustración, deberíamos preguntarnos si realmente es beneficioso permitir que los niños utilicen los móviles o las *tablets* a sus anchas en edades tan tempranas. De hecho, un estudio ya alerta del creciente uso precoz de dispositivos tecnológicos por parte de los niños a partir de los 3 años en España.

Al residir el problema en los padres fundamentalmente, el psicoterapeuta y psiquiatra Claudio Marcassoli ha identificado 6 tipos de "malos padres":

1. Tipo sobreprotector: considera a sus hijos demasiado

frágiles y suele hacer todo por ellos, lo que en realidad provoca que sean más incapaces de enfrentarse al mundo ellos solos.
2. Tipo permisivo-democrático: crea un clima donde no existe la autoridad y trata a sus hijos como amigos.
3. Tipo sacrificado: se entrega por completo a sus hijos para demostrarles que el que más se sacrifica es el mejor y el único digno de amor.
4. Tipo intermitente: no tiene claro qué método educativo poner en práctica, por lo que oscila de un método a otro. Esto acaba confundiendo al niño, que nunca se sentirá a la altura de sus expectativas.
5. Tipo delegatorio: deja su papel de liderazgo en manos de otros en lugar de asumir plenamente la responsabilidad y el control, lo que hace que los niños comiencen a sentir que no pueden confiar plenamente en él.
6. Tipo autoritario: imparte una educación rígida, autoritaria y estricta a sus hijos, transmitiendo el mensaje de que no hay diálogo ni compromiso y solo gana el más fuerte.

Pues bien, hemos visto cuáles son los perfiles parentales potencialmente tóxicos y perjudiciales. Pero ¿cuál es entonces el modelo que debemos seguir? ¿Cómo podemos criar a nuestros hijos de forma sana y enriquecedora?

Según Marcassoli, la familia que permite que su hijo se emancipe de manera autónoma y segura de sus padres y llegue a ser una persona madura y responsable es una familia que sabe mantener la autoridad.

Un núcleo familiar basado en la autoridad tiene jerarquías establecidas. De esta forma, los hijos respetan a sus padres y los toman como punto de referencia. Eso sí, mostrarse como una figura de autoridad no significa ser un tirano: se trata de ser figuras orientadoras y educativas para nuestros hijos. Esto implica establecer y respetar las normas y los límites, imponerse e intervenir especialmente cuando los niños parecen haber perdido el control. Pero eso no es todo. Ser una figura de autoridad implica también saber debatir. Debemos ponernos a la altura de nuestro hijo y escucharle, buscar el diálogo y comprender sus motivos, aprender a sonreír y a jugar con ellos, así como a disculparse cuando llegue el momento. También se debe enseñar que incluso el acto de pedir perdón no es un acto de debilidad sino de extrema madurez.

En resumen, un padre no puede ser el amiguito de su hijo. Tiene un papel educativo del que no puede desprenderse. Marcassoli estima que la forma de relación amistosa e igualitaria con los hijos nació en los años 70. Hasta entonces, el único modelo parental extendido era severo, extremadamente estricto, frío e incompatible con las nuevas generaciones que buscaban la revuelta y la rebelión contra el *statu quo*. Probablemente la situación se fue descontrolando y el papel del padre como referente respetado e indiscutible se fue diluyendo y mezclando con el de una figura abierta y amable, de "vive y deja vivir".

Los jóvenes nunca lo admitirán, pero todos necesitan un guía seguro en su fase de confrontación y descubrimiento del mundo y de la sociedad. También necesitan que se les diga "no"; necesitan reglas justas y tranquilizadoras, y que sus padres los tengan en cuenta con la debida seriedad. Por lo tanto, aunque nuestra sociedad esté plagada de padres que "imitan" a sus hijos para mostrarse como jóvenes y modernos, a menudo impulsados por la inmadurez y el narcisismo (como madres celosas de sus hijas o padres que permiten que sus hijos lleven una vida desenfrenada sin imposiciones), recordemos que la apertura de mente, el diálogo y la adecuación a los tiempos también pueden convivir con el sentido común y la inteligencia de una figura educativa estable. Educar significa también mantener roles bien definidos e inamovibles. El padre debe hacer su labor de padre y el hijo debe disfrutar de su papel de hijo. Es necesario hacer un esfuerzo, por difícil que sea hoy en día, para tratar de mantener una clara distinción entre ambos papeles. No debemos arriesgarnos a que se debiliten o inviertan, porque dejaremos a nuestros hijos solos ante una libertad difícil de manejar.

Los niños necesitan puntos de referencia cariñosos pero sólidos, presentes y capaces, de los que puedan aprender lo que está bien y lo que está mal, no solo necesitan un compañero de juegos y travesuras. Nos corresponde a nosotros, como figuras educativas, establecer normas, líneas y directrices. Todo ello, por supuesto, en un ambiente relajado y de complicidad, en el que también se escuche y se permita a los hijos confiar sus miedos, sueños y preocupaciones en un clima de confianza, para luego volver a ser sus figuras de autoridad responsables y sus puntos de referencia.

LA IMPORTANCIA DE ESCUCHAR

La importancia de tomarse el tiempo de escucharse en familia

Varias estadísticas informan de que, debido a los mil compromisos diarios de hoy en día, los padres ya no encuentran tiempo suficiente para sus hijos. La mayoría de las madres consiguen encontrar, sobre todo a última hora de la tarde, durante las vacaciones o los días festivos y los fines de semana, de 1 a 2 h; los padres, en cambio, de 30 min a 1 h al día.

Sin embargo, aunque consigamos sacar solo un ratito al día, es aún más importante que ese tiempo sea de calidad. Si sabemos aprovechar ese tiempo, serán momentos de gran importancia tanto para nuestros hijos como para la familia en general. La hora de la cena, por ejemplo, sería un gran momento para que los padres intentaran relacionarse con sus hijos, para hablar y escucharse, en lugar de jugar con las *tablets* o estar pegados a la televisión.

Los jóvenes necesitan hablar y contar sus historias: ¿a quién recurren?

Un estudio realizado con chicos de entre 13 y 19 años ha revelado a quién piden ayuda los adolescentes cuando necesitan hablar o confiar algo. El estudio muestra que el 36 % prefiere hablar y confiar directamente en sus amigos y compañeros antes que en los adultos o los padres. Y lo que es más alarmante: el 20% de los jóvenes, sobre todo los varones, dicen no acudir a nadie. Esto significa que incluso en casos y situaciones de angustia, 2 de cada 10 adolescentes no tienen a nadie a quien contarle sus problemas, o que, por una u otra razón, intentan hacerlo solos en lugar de hablar con un adulto o con sus padres.

Por otra parte, la elección de anteponer a los amigos o, en todo caso, a un grupo de iguales como confidentes para enfrentarse a sí mismos y encontrar respuestas para resolver problemas, dudas o situaciones incluso propias del crecimiento, es un grave y triste signo de soledad. Evidentemente, tener amigos en los que se pueda confiar es un paso de desarrollo ligado a la adolescencia, pero no debe ser la única forma de sentirse escuchado y superar las dificultades. Los jóvenes, sobre todo los adolescentes tienen en realidad una gran necesidad de la presencia de figuras adultas y parentales que sean capaces de captar los signos de angustia e intervenir adecuadamente.

Saber escuchar

Para escuchar adecuadamente, es preciso disponer de un tiempo y un espacio en el que el joven sea libre de contar sus historias, de hablar. En este espacio también se acepta el silencio. Cada adolescente necesita su propio tiempo para poder abrirse y confiar en el adulto, pero también el entorno adecuado.

A veces, los hijos, especialmente en esta compleja fase de crecimiento que es la adolescencia, se convierten en auténticos provocadores. Provocan para poder asegurarse de que sus padres están realmente ahí. Nos ponen a prueba, observan cómo reaccionamos y si realmente nos preocupamos por ellos y estamos a su lado. De hecho, hay muchos adolescentes que dicen que se portan mal precisamente para llamar la atención de sus familiares. "Salgo, bebo y llego tarde", dice Darío, de 17 años, "pero mis padres no me dicen nada al respecto, porque les doy igual".

Nuestros hijos se dan cuenta de todo y, aunque quieran parecer invencibles, en realidad para ellos la figura de un guía, de un punto de referencia, es imprescindible. Saber que son aceptados de verdad, tal y como son, independientemente de los errores y las equivocaciones, es un paso necesario para construir una relación de confianza y respeto con los hijos, sobre la que luego se pueden establecer más normas y límites, que sin duda verán y acogerán con mejores ojos.

El problema es que muchos padres, cuando tratan con los

adolescentes, no les dejan suficiente espacio ni tiempo para hablar y emiten juicios erróneos o precipitados. La incomprensión y la sensación de represión al intentar expresarse y relacionarse con el adulto solo lleva a los jóvenes a seguir rebelándose contra las imposiciones (a menudo injustificadas) de sus padres.

LA ESCUCHA ACTIVA: EL SECRETO DE UNA BUENA COMUNICACIÓN

Hay muchas actividades que se prestan a mejorar la escucha activa y que deberían practicarse durante al menos 15 minutos cada día para reforzar el vínculo con nuestros hijos. Estas actividades incluyen, por ejemplo, jugar con una pelota, hacer un dibujo, cocinar algo juntos, hacer deporte los hijos mayores o ir al parque a correr. El objetivo principal es establecer un hábito. Así, nuestros hijos sabrán que, pase lo que pase, pueden contar con ese espacio para hacer algo exclusivo junto a nosotros.

Mientras se llevan a cabo estas actividades, el consejo es dejar que nuestros hijos se hagan cargo de la conversación y la dirijan. Los padres tenemos la única tarea de escuchar lo que el niño o el adolescente nos dice, sin cuestionarlo. Esto hará que nuestro hijo confíe en nosotros, sabrá que si quiere hablar con nosotros de cualquier cosa puede hacerlo, y que estaremos ahí para escucharle sin juzgarle, desde los pequeños contratiempos diarios hasta los problemas mayores. Es importante no entrar en la conversación interrumpiéndola y dejando de escuchar, como sugieren los expertos. Nuestro hijo en ese momento está compartiendo con nosotros una de sus dificultades, una de sus preocupaciones; por lo tanto, no es el momento de hacer juicios apresurados o salir con advertencias o frases alarmantes.

Un ejemplo podría ser que nos confíe que sufre acoso. En ese momento, es posible que queramos opinar de inmediato, interrumpirlo y protegerlo. Pero debemos dejarle hablar, prestar atención a lo que tiene que decir y a lo que él cree que podría ayudarle a resolver ese problema.

A través de la escucha, estás empatizando con él y validando sus emociones. Por ejemplo, si nos cuenta que ya no quiere ir al colegio porque sus compañeros se burlan de él, hemos de comprender que se siente angustiado por una determinada situación y hacer que se sienta comprendido, pero también darle margen para que diga lo que cree que debe hacer al respecto para poder resolverlo.

Solo entonces podremos hacer nuestras propias sugerencias y propuestas, como ofrecerle ir al colegio en coche o hablar en privado con el director. En cualquier caso, hay que incluirlo en las decisiones y nunca tomarlas por él, especialmente sin haberlo hablado antes. Si quieres que tu hijo confíe en ti y te cuente sus problemas, sobre todo en la fase de preadolescencia y adolescencia, procura no traicionar esa confianza que ha depositado en ti. Cuídala y protégela.

Según el psicólogo A. Cassidy, también es muy importante, sobre todo con los hijos adolescentes, enviarles un doble mensaje; por un lado, que los queremos y que estamos interesados y atentos a lo que hacen y nos cuentan y, por otro, que no pretendemos invadir su intimidad y tomar decisiones por ellos. Comunicarse de manera transversal siempre trae ventajas. Es una forma de comunicación no intrusiva, pero sobre todo hace que los niños se sientan comprendidos y escuchados de verdad. Sin embargo, en el caso de que tu hijo diga una barbaridad, intenta reaccionar con calma y mucha coherencia. Tú eres el adulto. Por lo tanto, debes infundirles confianza, transmitirles que eres capaz de comprender plenamente sus problemas y ayudarles mostrando ante todo amor, empatía y aceptación. El niño se sentirá menos amenazado y más dispuesto a compartir secretos y a abrirse más. Especialmente en las situaciones más graves, como el acoso escolar, es necesario que los padres entiendan primero el problema y luego lo aborden de la manera más eficaz. Es importante saber encontrar el equilibrio adecuado entre la confianza y el apoyo.

Por eso hay que practicar la escucha activa. Basta con hacerlo diez minutos al día, pero es aconsejable que se convierta en un hábito. Sin duda, es una alternativa mucho mejor que los habituales sermones en los que el padre le dice al niño cómo debe comportarse, con poco éxito. Es necesario que haya reciprocidad, pero sobre todo saber escuchar. Una vez puesto en práctica este tipo de comunicación alternativa, el padre puede hacer sugerencias desde su propio punto de vista, también basado en su propia experiencia, pero no debe olvidar que el protagonista es y debe seguir siendo su hijo.

8 ELEMENTOS QUE AYUDARÁN A TU HIJO A CONTENER LA IRA

1. La música: escuchar música, melodías relajantes, cancioncillas o éxitos para avivar el buen humor y recargar las pilas. Son herramientas útiles y eficaces para transmitir emociones a los niños y adolescentes, así como para que recuperen el equilibrio interior.
2. Los abrazos: un abrazo siempre nos calienta el alma, ya que el contacto físico anima y reconforta. Abrazar a los

niños les ayuda a calmarse, a relajarse y a encontrar de nuevo la serenidad; de hecho, el cuerpo también es capaz de transmitir y compartir emociones.

3. La imaginación: fantasear ayuda a los niños a distraerse, a enfrentarse a los problemas y a encontrar la tranquilidad. Es importante que a través de la fantasía se estimule su imaginación y su concentración para mantener viva la llama de la creatividad.

4. Los animales: la relación con los animales ayuda a los niños a canalizar la ira, calmarse y recuperar la sonrisa acariciando o jugando con su mascota, ya que esto disipa el mal humor. Educar a los niños para que tengan una relación positiva con los animales desde una edad temprana es muy importante. De hecho, el niño puede encontrar una salida a las emociones negativas a través del cariño de su amigo de cuatro patas.

5. Los paseos: salir de casa para pasear es una buena manera de tomarse un momento de tranquilidad y despejar la cabeza, lo que no significa huir de la situación. Es simplemente una forma agradable y productiva de recuperar la calma y la claridad.

6. Contar hasta diez: esta es sin duda la vieja confiable. Se trata de una buena forma de frenar la impulsividad que puede practicarse además a modo de juego. Cuando tu hijo se enfade, sugiérele que cierre los ojos y vaya contando lentamente hasta que la emoción de ese momento se haya desvanecido.

7. La lista de malos pensamientos: si tu hijo es propenso a la ira, ayúdale a escribir una lista de todas las cosas que

le hacen enfadar. Después, coged la hoja de papel, volved a leerla, rompedla y tiradla a la papelera. Esta es una forma muy visual de sacar la negatividad sus pensamientos, pues la materializan y luego se deshacen de ella.
8. Las actividades: un niño activo y participativo es un niño centrado y presente. Si nuestros hijos se enfadan, debemos hacerles reflexionar sobre el hecho de que ir a jugar a la pelota, hacer las paces con sus amigos o montar en bicicleta es mucho más agradable que quedarse dando vueltas durante horas a lo que les ha hecho enfadar.

EL FRASCO DE LA CALMA: PARA QUÉ SIRVE Y CÓMO HACERLO

El frasco de la calma es un recurso utilizado por María Montessori. Es una herramienta construida a partir de elementos como agua, purpurina, pegamento y un recipiente vacío. Su finalidad es distraer a los niños, relajarlos y calmarlos tras un momento de enfado o llanto. Normalmente, la mejor edad para proponer este "juego" es entre los 2 y los 5 años.

Vamos a ver cómo se construye en unos sencillos pasos.

Según el método Montessori, el frasco de la calma es, en realidad, una jarra o frasco (generalmente de vidrio, aunque también sirven otros materiales, siempre que sean transparentes) que debe llenarse con materiales y colores que capten la atención y el asombro del niño, con el objetivo de calmarlo y tranquilizarlo. Los materiales que necesitamos son sencillos y fáciles de conseguir.

Se presta también especial atención al color del frasco. De

hecho, puede ser neutro y sin colorantes, o podemos animar a nuestro hijo a imaginar los colores que puede haber dentro.

Dentro del frasco irá agua, purpurina y colorante, y todo lo que necesitemos para obtener un frasco de la calma relajante y eficaz.

Para empezar, deberemos hacernos con un tarro de cristal o de plástico duro transparente. A continuación, lo rellenaremos con agua, purpurina y otros materiales como pegamento, purpurina, lentejuelas... eso queda a vuestra elección. La purpurina y demás elementos flotarán en el frasco cuando nuestro hijo lo agite. Para hacernos una idea, el resultado será parecido al de las clásicas bolas de nieve que se venden en Navidad, con purpurina, agua o nieve falsa. El frasco de la calma Montessori tiene precisamente el mismo concepto, pero está dirigido a los más pequeños con la intención de captar su atención y permitirles relajarse tras un arrebato.

En este sentido, nuestro frasco podría convertirse en un verdadero ritual para usar puntualmente después de uno de estos momentos críticos, algo así como una especie de hábito.

Después de un episodio de ira o de llanto desesperado, vamos directamente a por el frasco de la calma y se lo damos a nuestro hijo. Al agitarlo, moverlo o ponerlo boca abajo, el flujo de purpurina dentro del frasco le ayudará a distraerse de las emociones negativas y a volver al momento presente.

Para potenciar su efecto, también sería útil disponer de un momento solo para nosotros en el que permanezcamos cerca de nuestro hijo, le enseñemos a respirar y a relajarse, y nos concentremos en el aquí y ahora utilizando el frasco como herramienta para volver a un estado de calma. Más que un verdadero juego Montessori, podemos definirlo como un dispositivo educativo.

Su objetivo es echarnos una mano a los padres y a nuestros pequeños tras los momentos de tensión y abatimiento.

¿Y cuándo debemos utilizar nuestro frasco de la calma? La filosofía de María Montessori nos aconseja que no señalemos los errores y defectos de nuestros hijos al utilizarlo. El propósito es realinear al niño consigo mismo después de un momento de gran estrés y tensión. Después de una crisis, tanto ellos como nosotros debemos calmarnos primero. Por lo tanto, debemos posponer cualquier debate para más adelante. Esto se debe a que, durante una situación de llanto, arrebato o enfado será difícil que nuestro hijo entienda bien en qué se equivocó, ya que la frustración no le permitirá tener la cabeza despejada y mucho menos buscar consuelo en nosotros.

Además de acompañarnos en eventos de este tipo, el frasco de la calma también es útil con los más pequeños antes de acostarse o de la siesta. Podemos convertirlo en un ritual para hacer juntos antes de irnos a la cama. De este modo, ayudaremos a nuestro hijo a entrar en el estado de ánimo adecuado para luego irse a la cama.

Además, partiendo de la base de que el frasco de la calma nos ayudará a encontrar la paz y la tranquilidad, un poco de conocimientos de cromoterapia tampoco nos vendría mal. Es mejor optar por colores tranquilizadores y relajantes como el azul claro, el rosa, el violeta o el índigo. En cambio, hay que evitar los colores más atrevidos como el rojo, que es demasiado fuerte y excitante para nuestro propósito.

Veamos cómo se realiza un frasco de la calma.

Para que la guía sea más completa y vistosa, he decidido ponerla a vuestra disposición en línea (solo para vosotros, claro).

Escanea el código QR con tu teléfono o visita esta página:
go.alphapress.net/frasco

CAPÍTULO 6
CÓMO GESTIONAR NUESTRA IRA CON LOS NIÑOS

Está más que claro que amamos a nuestros hijos. Pero ¿quién no ha perdido alguna vez los papeles en ciertas situaciones? Por ejemplo, le has pedido a tu hijo que guarde los juguetes y las pinturas y que se ponga los zapatos porque tienes que ir al supermercado antes de que cierre, pero ni siquiera te ha hecho caso. Se lo repites una segunda vez y apenas levanta la cabeza. A la tercera ya levantas la voz, probablemente lo agarras a la fuerza y le obligas a ponerse los zapatos inmediatamente, y puede que acabes arrastrándolo a gritos, creando un ambiente absolutamente tenso y agotador.

¿Es necesario llegar siempre a este punto? ¿No existen alternativas? Existen interesantes consejos que podemos enumerar para mantener la calma con nuestros hijos y gestionar sus reacciones emocionales. Partamos del ejemplo anterior: le pides no sé cuántas veces que guarde los juguetes porque hay que ir a comprar antes de que cierren. No reacciona ni a la primera llamada ni a la segunda, y a la tercera ya aparece el factor de la ira. Hay que partir siempre de la premisa de que conocer la ira, saber cómo se origina y cómo controlarla es la primera clave de todo.

Vale. En primer lugar, si nuestro hijo reacciona así ante una orden, irritándonos y haciéndonos perder los nervios, no es porque quiera vernos iracundos a toda costa; es simplemente que este tipo de comportamiento es algo que siempre le ha funcionado hasta ahora.

En concreto, ¿qué podemos hacer cuando nuestro hijo no quiere escucharnos? ¿Qué podemos hacer para gestionar sus reacciones?

1. **Preparación:** primero, no anticipemos lo que va a ocurrir. No demos por sentado que nuestro hijo se opondrá a nuestra llamada o a nuestra orden, mirando ya con miedo el posible conflicto que surgirá poco después. Además, algo que lo empeora todo es ese sentimiento de impotencia e incapacidad que muchas veces tenemos como padres, que se acaba convirtiendo en ira cuando cada rabieta se convierte en una amenaza para nuestro papel de autoridad. Por lo tanto, es una buena idea prepararse para mantener la calma antes de empezar a interactuar con el niño o el adolescente. No empecemos a confrontarlo sin más; apartémonos y tomémonos un respiro durante unos segundos, contemos hasta 4 y exhalemos lentamente.

Es preciso entablar un diálogo tranquilo con nuestro hijo y hablar razonablemente para que las cosas se solucionen. Antes de ganarse la obediencia a toda costa, es bueno recordar que, en realidad, el papel de los padres es hacer que el niño entienda que toda acción tiene consecuencias. Si no nos escucha o no nos obedece, no es una derrota directa de nuestra función educativa. Por otra parte, si sabemos que algunas acciones pueden tardar más de lo previsto, como ponerse los zapatos o ducharse, no esperemos hasta el último segundo para decirle a nuestro hijo que se ponga en marcha. Debemos siempre intentar anticipar el tiempo y salir antes, teniendo en cuenta posibles contratiempos. Por último, no tenemos que desesperarnos si nuestro hijo se pone muy cabezota. No siempre es culpa nuestra, suele ser un rasgo típico del niño, independientemente de los que le inculquemos. No debemos pensar que tenemos que cambiar el comportamiento de nuestro hijo. Una vez que hayamos comprendido cómo se manifiesta y cuál es su esencia, pasaremos a actuar y a mitigar aquellas características que crean desequilibrios para ayudar al niño sobre la marcha a discernir entre los comportamientos que son adecuados y los que no lo son; y decidiendo a su vez cuánta resistencia es correcto oponer.

2. **Interpretación:** este es un paso fundamental, porque interpretar el comportamiento de nuestro hijo como positivo o negativo, así como el grado entre estos

dos extremos, también contribuye a la forma en la que podremos controlar nuestro enfado. La lectura que hagamos de ciertos comportamientos de nuestro hijo determinará inevitablemente nuestra relación con él, pues puede actuar tranquilo o enfadado según la reacción que tengamos. El autor George Kapalka sugiere a este respecto que los padres hagan comprender a su hijo la importancia de elegir respuestas positivas o negativas en una situación determinada, además de explicarle las consecuencias que conlleva una u otra elección. Una vez que el niño aprenda esto, seguramente elegirá por sí mismo cómo comportarse, pero habrá que darle consecuencias coherentes con lo que hemos hablado previamente con él, por lo que hay que mantener siempre una línea coherente y transparente. Si le has pedido que guarde sus juguetes y no lo hace, sino que sigue jugando con ellos, hay que dejarle claro al pequeño que esa elección tiene una consecuencia proporcional y consistente que debe mantenerse en el tiempo. Sería inútil, por ejemplo, amenazarle con tirar todos sus juguetes si además nunca lo haces; pero puedes meterlos en una bolsa y encerrarlos en el armario durante un par de días, o en todo caso modular y proponer una consecuencia que sea coherente con una elección de comportamiento incorrecto.

3. **Respuestas:** las respuestas deben ser siempre tranquilas y precisas. No debemos tomarnos la desobediencia como algo personal o como un insulto. Como ya hemos visto, lo mejor es poner a nuestro hijo

ante una elección: la de poder portarse mal o bien; y que conozca las consecuencias exactas de ambas. No es un momento de desafío, sino un momento educativo importante y sensible, una oportunidad para que nuestros hijos aprendan a través de la experiencia. Aunque estemos enfadados, debemos controlar lo que decimos o hacemos. No actuemos ni digamos cosas de las que podamos arrepentirnos. Tampoco hay que ponerse al nivel de los niños si empiezan con las rabietas o se vuelven agresivos. Nosotros somos el adulto. Mantengamos el temple y la firmeza; controlémonos.

4. **Cometiendo errores se aprende:** si las emociones se han apoderado de ti y has llegado a un enfrentamiento de cualquier manera, tampoco te martirices. Intenta convertirlo en un momento de reflexión, cálmate y no te culpes. Piensa en la secuencia y el escenario de la acción que condujo a ese resultado. ¿Qué ha dicho tu hijo? ¿Cuál ha sido tu reacción? ¿Te ha pillado por sorpresa ese arrebato? ¿Estabas preparado para reaccionar en consecuencia? Si no ha sido así, haz una pausa y piensa en lo que ocurrirá la próxima vez y cómo lo afrontarás. Aunque el primer intento haya sido fallido o ineficaz, nos ayudará a trazar un plan de acción para la próxima vez. A través de los errores podemos darnos cuenta de lo que está mal y mejorarlo después.

CONTROLAR NUESTROS GRITOS

Controlar nuestros gritos es un método eficaz de toma de conciencia. Es una forma de aceptar ciertos hábitos y cambiar otros; de esta forma, se modifican aquellas reacciones que no nos gustan. Un método consiste en que, después de una discusión acalorada, anotemos en una hoja de papel lo siguiente: cuál ha sido exactamente el hecho que ha conducido a esa dinámica; cuál era nuestro estado de alerta fisiológico antes de ese evento (por ejemplo, sudoración, la mandíbula apretada, los puños cerrados, pensamientos negativos…); cómo hemos reaccionado y qué hemos hecho concretamente; cómo ha reaccionado el niño a nuestros gritos; cómo nos hemos sentido después de gritar; cómo se ha sentido el niño después de que hayamos gritado; y por último, una evaluación final y global: si habríamos podido reaccionar de otra manera y qué podríamos haber hecho mejor.

Lo cierto es que, si aprendemos a identificar los mecanismos que nos provocan esos sentimientos y reacciones físicas, conseguiremos ser capaces de contenernos e intervenir en esa ira antes de que se convierta en un hábito que dañe la relación que intentamos establecer y mejorar con nuestros hijos a diario.

CÓMO ESTABLECER NORMAS Y CONSECUENCIAS COHERENTES

Aprender a no utilizar los gritos como método de educación no significa dejar que nuestro hijo crezca sin normas o transmitirle el mensaje de que puede tener malos hábitos y comportamientos hasta la saciedad. Todo lo contrario. Las reglas son necesarias para su crecimiento y para que tenga una vida tranquila. Para fijarlas, no es necesario gritar. Estos son los consejos de Renner para establecer normas y consecuencias coherentes:

1. Comunicación clara: hay que establecer de forma sencilla y transparente las normas que deben seguirse.
2. Consecuencias proporcionadas y coherentes: a cada acción, una respuesta. Establece cuál es la consecuencia si no se cumplen las normas. ¿Que tu hijo está jugando con la PlayStation y no te hace caso cuando le pides algo? En lugar de gritar, apaga el aparato y aléjalo de él. El propósito de cada consecuencia es hacer que los niños entiendan que deben tener en cuenta su comportamiento, para que sean más responsables de sus actos.
3. La conexión como núcleo de la educación: para ello, es importante mantener una buena conexión con nuestros hijos. Conectar con ellos nos llevará tiempo. A veces, entre los compromisos y el trabajo, es posible que acabemos descuidando un poco nuestra conexión e ignorar nuestras tareas educativas por estar demasiado agotados al final del día. Hay que recordar, sin embargo, que es necesario dedicar tiempo a nuestros hijos para que se sientan queridos y atendidos de verdad. Escúchalos si tienen ganas de contarte lo que les ha pasado durante el día y aborda siempre con curiosidad incluso las cosas más insignificantes, como "¡Fulanito me ha tirado del pelo!" o "He ido a jugar al fútbol con mis amigos, pero hemos perdido". Escúchalos con interés. Estate

presente en esos momentos que les dedicas, dejando el resto de los pensamientos aparte. Demuéstrales que te importan y acércate siempre con cariño e interés.

5 PASOS PARA NO GRITAR

¿Cómo debemos reaccionar ante una provocación que nos haga perder los nervios? Los expertos recomiendan cinco pasos básicos. Vamos a verlos:

Primer paso: escúchate a ti mismo. Empieza por escucharte y pregúntate qué estás sintiendo en ese momento y cuáles son tus pensamientos.

Segundo paso: presta atención a la respiración. Concéntrate en mantener una buena respiración. Inhala profundamente, expande el diafragma, mantén el aire durante 4 segundos y vuelve a exhalar contando hasta 4. Repite este ejercicio al menos 4 veces seguidas.

Tercer paso: enfócate en lo positivo. Cuando llegues a este paso, la mente habrá vuelto progresivamente a la calma y la claridad. Aprovecha esa tranquilidad para relajarte y aliviar ansiedades. Sustituye tus pensamientos negativos por pensamientos positivos, realistas y productivos.

Cuarto paso: piensa en tu hijo. Ahora debes analizar la situación que te ha hecho desmoronarte y decidir qué es lo mejor para el niño. Piensa en su temperamento y en la edad que tiene. Pregúntate qué es lo que necesita. A lo mejor necesita un castigo, o quizá lo mejor es que lo escuchemos, lo animemos a mejorar, lo abracemos o le pongamos límites. En cualquier caso, debemos pensar con coherencia en lo que queremos que comunique nuestro comportamiento, para así elegir la acción más adecuada a la situación.

Quinto paso: muestra empatía. Empatiza con tu hijo; prueba a ponerte en su lugar. Intenta ver las situaciones, los sentimientos y las reacciones desde su punto de vista. Es el único modo mediante el cual podremos comprender realmente lo que necesita.

Después de poner en práctica estos pasos, sabrás qué es lo mejor para tu hijo.

4 CONSEJOS PARA CUIDARNOS A NOSOTROS MISMOS

Ser capaces de conservar la calma, conteniendo la ira y el nerviosismo, es fundamental para tener una relación sana con nuestros hijos y con el mundo en general. La gestión de la calma empieza por cuidar de nosotros mismos, de nuestro bienestar físico y mental, para poder afrontar y terminar el día de forma más tranquila y productiva.

Para poder conseguirlo, podemos seguir estos cuatro consejos:

1. El deporte: intenta canalizar la tensión emocional en un deporte que te enganche. Independientemente del tipo de deporte, mantenerse activo y hacer ejercicio es muy importante para aliviar el estrés y la tensión, pero también para favorecer la relajación. Hacer deporte cansa el cuerpo y permite que se liberen endorfinas, lo que en consecuencia beneficia mucho a nuestra mente.
2. La empatía: pon en práctica la empatía. Estar centrados solo en nosotros mismos nos impide captar el mundo en todas sus facetas y mirarlo de forma más

objetiva. Por ello, debes aprovechar tus habilidades empáticas. Entra en contacto con las personas que te rodean. Enfadarse con los demás no sirve de nada, además de que te hace perder la tranquilidad. En su lugar, trata de protegerte de la negatividad.

3. La meditación y la atención a la respiración: el *mindfulness*, el yoga y la meditación son actividades que nos ayudan a centrarnos en el momento presente y a abandonar las tensiones y la ira. En contacto con nuestra respiración encontraremos refugio en nosotros mismos, escuchándonos, comprendiéndonos, pudiendo encontrar esa calma para afrontar los días con una mirada diferente, más consciente. La meditación es, por tanto, un excelente aliado para liberarnos de la ansiedad y el estrés que contribuyen a que nos comportemos de una manera que no deseamos, aumentando una ira que quizás ni siquiera nos pertenece. La respiración también desempeña un papel importante en el control de las emociones y las funciones físicas, pues nos permite oxigenar la mente y el cuerpo. Es muy conveniente prestar atención a la respiración, ya que es un acto inconsciente que solemos dar por sentado, pero gracias al cual seguimos vivos.

4. Dormir lo suficiente: dormir las horas adecuadas es algo increíblemente beneficioso. Debemos prestar atención a nuestro ciclo de sueño e intentar, en la medida de lo posible, dormir las horas suficientes para poder afrontar mejor el día, con la mente descansada y despejada. Por lo tanto, también es preciso que

hablemos con nuestro médico si sufrimos de insomnio o trastornos del sueño. No dormir bien, o no dormir a secas, es muy perjudicial para nuestro organismo, pero también para nuestras emociones, que se verán contaminadas por más nerviosismo e ira.

CAPÍTULO 7

¿POR QUÉ MI HIJO NO ME ESCUCHA?

Una preocupación bastante común entre los padres es que su hijo no escuche, pero esto realmente no es un comportamiento negativo.

EL NIÑO ESTÁ CONSTRUYENDO SU IDENTIDAD

En primer lugar, hay que entender que el niño es un ser humano en evolución que está construyendo su propia identidad. Es normal que choque con los adultos o con las normas porque quiere ver qué margen de maniobra tiene. Es decir, no se trata de que el niño no escuche por falta de disciplina o para contradecirnos, sino para confrontarse y compararse con los demás.

A VECES ES MUY DIFÍCIL PARA ÉL PRESTAR ATENCIÓN

Los hijos no siempre desafían a sus padres por capricho, sino que les mueven auténticos deseos y necesidades que les hacen muy difícil escuchar. Los padres solemos pensar que, al ser la autoridad, deben hacernos caso digamos lo que digamos. Sin embargo, si aprendemos a escuchar a nuestros hijos, nos daremos cuenta de que los niños tienen otras prioridades y necesidades y que nuestras peticiones están en un segundo plano. Es importante entender qué necesidades y requisitos les mueven para hacer también las peticiones adecuadas.

SU ESTRUCTURA MENTAL ES DIFERENTE: UTILICEMOS EL LENGUAJE ADECUADO

También es importante desarrollar un lenguaje correcto y eficaz para que el niño pueda entender las situaciones. Por ejemplo, la frase de "lo haremos más tarde" no tiene sentido para un niño que todavía no tiene noción del tiempo y que aún está aprendiendo a controlar sus instintos, porque que hace que le resulte más difícil resistir la tentación y esperar.

QUÉ HAY QUE HACER CUANDO EL NIÑO NO ESCUCHA

"Si quieres que tu hijo te escuche, trabaja en crear buena relación con él", sugiere la doctora Laura Mazzarelli.

SÉ TÚ QUIEN LO ESCUCHE A ÉL

Para conseguir que te escuchen, tienes que saber escuchar, de lo contrario solo sería una relación de imposición. Al escucharos mutuamente, se crea una relación de confianza en la que el niño se siente comprendido y acogido en sus necesidades. Así, evitarás tener que pelear por todo.

ESTABLECE PRIORIDADES

Pregúntate qué es lo que realmente quieres que escuche. No puedes pasarte todo el tiempo dando órdenes y siendo un sargento. Así pues, fija los puntos en los que debes ser intransigente y, por lo demás, pon en primer lugar la relación con tu hijo. Ser únicamente impositivo no es constructivo para la relación.

LAS 8 FRASES CLAVE PARA QUE NUESTROS HIJOS NOS HAGAN CASO

1. "¡Podemos hacerlo juntos!"
No ser todo el rato impositivo significa reducir al máximo el uso del imperativo: si alguien lo utilizara en exceso con nosotros, no nos sentiríamos libres de expresarnos y no querríamos escuchar a esa persona. Por ello, es aconsejable aprender a usar las frases "vamos a hacerlo juntos" o "lo haré contigo". Por supuesto, hay reglas que se aplican a todos los niños, como la de irse a la cama. En este caso, lo importante no es decir la típica frase de "los adultos pueden y tú no", sino acompañarlo, bien con una rutina que ayude a procesar la frustración ("Cuando te hayas lavado los dientes, llámame y te leo el cuento para dormir") o bien con ánimos ("Seguro que puedes hacerlo tú solo, yo ahora no puedo hacerlo contigo, pero cuando termines vendré a ver"). Hay que procurar que el niño pueda afrontar con tranquilidad lo que se le permite hacer o no.

2. "En cuanto nos calmemos, volveremos a hablar de ello"
La tarea más difícil y decisiva del adulto no es tanto decir "no", sino soportar las consecuencias negativas que esto provoca en el

propio hijo. Muchos padres empiezan a dar menos normas porque no pueden o no tienen paciencia para soportar el conflicto en la relación que provoca esa negación, o como suelen hacer los abuelos, adoptan un comportamiento compensatorio, como dar un caramelo al niño para consolarlo, lo que distrae totalmente la atención del problema. No obstante, es fundamental explicarles cuál es el objetivo de las normas establecidas y entender por qué el pequeño no quiere acatarlas. "Entiendo que te haya molestado, pero cuando te hayas calmado volveremos a hablar de ello" es una frase que mantiene tanto la norma como la relación abierta con tu hijo. Eso permite que baje la tensión emocional del niño, pero también la tuya, ya que probablemente también estés enfadado, aunque al tratar el tema de nuevo debes mostrar todo el cariño posible.

3. "Salimos en diez minutos"

Dar al niño tiempo para que se prepare es muy diferente a que de repente nos acerquemos y le digamos "¡Tenemos que irnos ya, date prisa!". Si le avisamos de antemano y respetamos su tiempo, el niño también se dará cuenta de las situaciones y planes que tenemos en mente pero que también suceden a su alrededor y su entorno. Avisar al niño con antelación de que vamos a salir significa, por ejemplo, que tendrá tiempo suficiente para desprenderse poco a poco de lo que le absorbe, como un juego, una película o un dibujo que está coloreando. A nadie le gusta que le interrumpan bruscamente mientras está concentrado en algo. Por lo tanto, adoptando esta pequeña medida, evitaremos una rabieta de última hora y podremos salir de casa e ir a donde necesitemos sin mayor dificultad.

4. "¿Qué te apetece que hagamos?"

"¿Qué quieres hacer?" o "¿Qué es lo que te gustaría que hagamos?" son frases que nos ayudan a crear un vínculo con el niño. De esta manera, podemos averiguar qué es lo que tiene en mente y, a lo mejor, entenderemos por qué no nos quiere escuchar. Al hacerlo, también nos estaremos poniendo en el lugar del niño, mostrando empatía y aprendiendo a entender sus patrones de comportamiento. Estas preguntas lo harán partícipe de las decisiones que tomemos. Pedirle opinión e interesarse por lo que quiere no significa entregarle el poder. Más bien, es una forma de hacer que el niño sienta que se le tiene en cuenta, que se le escucha de verdad y que se le implica, así como también nos ayuda a abandonar la actitud defensiva. Por ello, si podemos darle opciones, aunque sea solo un par, hagámoslo. Sobre todo, cuando el niño es un poco mayor, este mecanismo ayuda a fomentar el sentido de la responsabilidad: "¿Quieres aprenderte la lección enseguida? Vale, ¿y qué método sugieres para conseguirlo?". Una vez planteado esto, debemos ayudarle a que cumpla con su compromiso, tal y como él lo sugirió.

5. "Me preocupa / me da miedo que hagas esto"

Para escuchar a la otra persona también tenemos que verbalizar nuestras emociones, lo que sentimos en esa situación concreta. Si el adulto es capaz de expresar lo que siente, el niño será capaz de escuchar. Por eso es recomendable que le demos nombre a nuestras emociones. En lugar de "No quiero que te empapes bajo la lluvia", probemos a decir "Me preocupa que pilles un resfriado si te quedas bajo la lluvia". De hecho, cuando utilizamos la expresión "no quiero", el niño la toma como una prohibición, una orden emocional que para él no tiene sentido. Por eso, la mayoría de los niños no van a escuchar frases que comiencen así. En cambio, utilizar frases que incluyan un sentimiento, nuestro miedo o una justificación, ayudará al niño a entenderlas mejor y también estará más dispuesto a escuchar nuestra petición.

6. "Cuando hayas hecho esto, haremos esto otro"

Utilizar castigos o amenazas no es en absoluto una buena manera de hacerse oír, de hecho, es prácticamente inútil. Enfocarlo de esta manera no ayudará a nuestro hijo a entender cuáles han sido las acciones erróneas que han llevado a determinadas consecuencias y medidas. Las amenazas solo contribuyen a socavar la relación entre nosotros y el niño, ya que están pensadas para que el niño aprenda a la fuerza una norma sin que la haya interiorizado realmente. Es por eso por lo que son un fracaso total en la educación. Es mejor utilizar expresiones como "Cuando hayas hecho esto, haremos lo siguiente". No es una condición, sino una posibilidad que genera confianza.

7. Modificar las frases utilizando formas afirmativas

Existe una gran diferencia entre decirle a nuestro hijo "aquí hay que caminar despacio" y decirle "aquí no puedes correr". De hecho, recuerda que si utilizamos frases en forma negativa para imponer una norma ("no hagas", "no corras", "no te ensucies", "no te caigas"...) los niños no se centran en ese "no", sino en la propia acción, y acabarán reproduciéndola. Esto ocurre porque, al utilizar una forma negativa, en realidad estamos centrando la atención del niño en esa misma acción. Los niños perciben inmediatamente la frase como afirmativa, omitiendo inconscientemente el "no". Por ello, es el lenguaje menos eficaz que podemos usar. Si recurrimos a formas más suaves y afirmativas, ayudaremos a nuestro pequeño a visualizar directamente la acción y el comportamiento que nos gustaría que tuvieran. Estos son algunos ejemplos: "Sujeta el tenedor con firmeza en las manos", "Camina despacio" o "Déjate la gorra puesta".

8. "Vamos a añadirlo a la lista de deseos"

Para muchos niños, es realmente difícil pasar por delante del escaparate de una juguetería y tener que decir que no a ese peluche, a esa Barbie o a ese coche teledirigido. Aceptar un "no" por respuesta no siempre es fácil. Por eso, tenemos que pedirle al niño que desarrolle su deseo. "¿Por qué te gusta tanto?", "¿A qué podrías jugar con él?", "¿Se lo pedimos a los reyes?" o "¿Quieres comprarlo con tus ahorros?". Se trata de una serie de preguntas que ayudarán a nuestro hijo a plantearse realmente ese deseo. Le ayuda a comprender mejor por qué lo quiere y a pensar en el valor de ese objeto. No es un truco para desviar la atención de nuestro hijo, sino simplemente una forma de alejarnos de una dinámica tan rígida como es la dualidad del "sí" y el "no". Abrir un diálogo con los niños hará que se sientan escuchados, independientemente de que compren inmediatamente algo o que accedan a una determinada propuesta.

CAPÍTULO 8

¿CÓMO HACEMOS PARA QUE NUESTROS HIJOS NOS OBEDEZCAN?

¿Cuáles son los trucos para conseguir que nuestros hijos nos obedezcan?

Evidentemente, no existe un método único, pero sí hay consejos que nos ayudarán a realizar una mejor labor educativa.

LOS MEJORES CONSEJOS EDUCATIVOS

1. **Responsabilidad:** debemos ayudar a nuestro hijo a asumir responsabilidades y a ser autosuficiente. Si, por ejemplo, le abrochamos el abrigo o le atamos los zapatos para que se dé prisa y pierda menos tiempo, esto será contraproducente a largo plazo. El niño debe entender que es capaz de hacerlo por sí mismo. Aunque tarde más en hacerlo, ganará una pequeña parte de su autonomía con esa acción.

2. **Comunicación:** la comunicación debe ser siempre la principal herramienta educativa. Los azotes y los gritos sirven más bien poco, pues solo establecerán mecanismos de miedo y pánico. No son un medio válido para impartir normas y hacer que nuestro hijo aprenda una lección. La mayoría de las veces solo provocan más dramatismo, chillidos y comportamientos coléricos. Por lo tanto, tratemos siempre de establecer una comunicación clara y productiva en lugar de crear un campo de batalla donde no vamos a ganar nada.

3. **Adquirir autoridad a través del tono de voz y la mirada:** los gritos y los berridos, como ya hemos dicho, no nos garantizan la autoridad que queremos imponer en nuestros hijos. Por eso, para conseguirla, nos hemos de centrar en la coherencia, en hablar en un tono de voz bajo acompañado de una mirada que hable por sí misma, sin necesidad de levantar la voz.

4. **Modificar el lenguaje:** hay que prestar atención a la forma en la que hablamos y nos expresamos. Debemos modificar nuestro lenguaje y nuestras reacciones en la vida cotidiana, esforzándonos por mantener una comunicación transparente y educada en todo momento. Esto nos ayudará cuando tengamos la tentación de gritar, de explotar o decir cosas desagradables y ofensivas movidos por la ira del momento. Además, adoptar este lenguaje de forma cotidiana nos beneficiará incluso fuera del contexto familiar.

5. **Defender nuestro derecho a discrepar:**

nosotros también podemos decir "no". Pero al hacerlo, debemos estar seguros. Tenemos que defender este derecho. Un niño que nos ve centrados y seguros de lo que decimos entenderá que somos sinceros, que le estamos dando una orden, y estará más dispuesto (aunque sea a regañadientes) a escucharnos y obedecer. Por eso debemos ser siempre creíbles. También es importante el tono de voz y la apariencia. Un "no" inseguro, poco entusiasta y dicho como si nada no nos convencerá ni a nosotros ni a nuestros hijos.

6. **Pensamientos positivos y elogios:** es conveniente fomentar la aprobación de nuestros hijos. Si queremos hacerles un cumplido, este tiene que sostenerse y estar argumentado. No caigamos en las frases genéricas; seamos directos y motivadores. Hay que ayudar al niño a entender ha hecho algo bien y que se ha comportado de forma correcta. Así que no hay que centrarse solo en decir "no" y en establecer consecuencias negativas para cuando lo hace mal, sino sobre todo utilizar el refuerzo positivo para cuando nos escucha y hace las cosas lo mejor que puede.

En definitiva, son muchos los trucos que podemos adoptar como alternativa a los gritos. Aunque todo esto pueda parecer una negociación agotadora, sobre todo si se está a punto de perder el control, es importante recordar que, a pesar de todo, los gritos no son ni serán nunca un método educativo, ya que no traerán el efecto deseado. En todo caso, se producirá el efecto contrario de lo que nos gustaría, que es que nos obedezcan. Eso no se puede conseguir con insultos, amenazas y gritos. Todos los padres deberían tenerlo en cuenta. La represión no es más que una manifestación de inseguridad e insuficiencia, un deseo de compensar estas carencias con representaciones erróneas de la autoridad paterna. La obediencia es una parte esencial de saber educar. Para educar hay que ser escuchado, y gritando no nos ganaremos para nada la atención y el respeto de nuestros hijos; solo produciremos confusión y malestar. Además, gritar para que se cumpla una norma o un comportamiento correcto no facilita la comprensión del niño. La mayoría de las veces, con la ira y el miedo, el mensaje no se entenderá. Por lo tanto, existe el riesgo de que, en nuestra ausencia, el niño repita tranquilamente el comportamiento inadecuado. Hay que animar al niño a actuar de forma correcta e inclinarse a escucharnos, pues tenemos que ser para él una figura digna de respeto, comprensiva, competente y abierta a la comunicación. Es importante establecer una conexión honesta y consistente, no basada en actos intimidatorios y represivos, para que el niño se sienta seguro con sus padres y no adopte una posición defensiva y cerrada hacia nosotros. Los gritos, en la interpretación de la mayoría de los niños, son una clara señal de que mamá o papá ya no le quieren y no de que esté haciendo algo malo. Todo esto conduce en el niño a una mayor sensación de inseguridad sobre todo lo que hace, además de a tener baja autoestima, miedo y creencias distorsionadas que con el tiempo desencadenarán mecanismos peligrosos.

CAUSAS DEL COMPORTAMIENTO REBELDE DE NUESTROS HIJOS

Aunque nuestro objetivo no es tener hijos entrenados como soldados, a menudo dramatizamos en exceso y nos desmoronamos delante de los niños porque no nos escuchan aunque lo hayamos intentado todo, incluso cuando estamos tratando de salvarlos de un peligro físico. En este apartado queremos invitarte a que te tomes un tiempo para reflexionar sobre por qué tu pequeño parece ser tan indisciplinado en ocasiones.

1. **No existe una conexión real entre nosotros y nuestro hijo.** El niño es un individuo único. Tiene sus propias ideas, sus propias opiniones, sus propias formas de actuar y su propia voluntad. A menudo sabe lo que queremos que haga y, sin embargo, elige hacer lo contrario. La razón de esto se encuentra en cómo nos ve el niño. Si nuestro hijo siente que se le ha tratado de forma excesivamente estricta, conservadora y manipuladora a lo largo del tiempo, mostrará un comportamiento brusco y rebelde hacia nosotros. Seguramente, más de una vez habremos sido padres y personas irritables, nerviosas, poco abiertas al diálogo y a las razones de los demás. Ser padre o madre no es un papel fácil, pero es esencial controlar nuestras acciones y asegurarnos de que nuestros hijos se sientan siempre queridos y seguros con nosotros, y que no nos vean como un enemigo contra el que hay que combatir.

2. **Nuestras palabras no son suficientes.** A menudo hemos tenido que lidiar con niños que, a pesar de cometer errores, repiten el mismo comportamiento desagradable. Pongamos que nuestro hijo de dos años nos golpea en la cabeza con un juguete y le reñimos. En una segunda ocasión repite ese gesto, golpeándonos de nuevo. Si los gritos no son la solución y las palabras no parecen ser suficientes, es bueno reforzarlo con una acción coherente y consistente. ¿Que el niño nos ha golpeado con un juguete? Vale. Además de señalarle que lo que hizo estuvo mal, levantémonos y salgamos de la habitación. No volveremos a jugar con él. Al alejarnos, el juego que tanto parecía divertirle se detendrá por completo.

Con los niños más mayores podemos respaldar nuestras palabras con pequeños castigos, tocando actividades que suelen interesarle. Un ejemplo podría ser no acompañarle a la papelería para comprar cromos antes de ir a casa, o prohibirle ir a esa fiesta de cumpleaños en casa de un amigo.

1. **Muchas veces recurrimos a la culpa.** A veces ocurre que cuando las palabras no son suficientes, apelamos a la culpabilidad de nuestro hijo para que nos obedezca. Si, por ejemplo, no ordena su habitación o no se lava los dientes antes de salir, empezamos a recurrir a la compasión, diciéndoles lo tristes y cansados que estamos. En realidad, no debemos confiar en estas técnicas. Darles órdenes en determinadas situaciones es perfectamente legítimo.

Ordenar la habitación, por ejemplo, es su deber independientemente de cómo nos sintamos en ese momento. Poner orden es responsabilidad nuestra, por lo que no tiene sentido culpabilizarlos. Si lo hacemos, el niño se verá responsable de los sentimientos de los demás, lo que no es nada saludable.

2. **No somos lo suficientemente convincentes.** Si imponemos normas, pero somos los primeros en no creérnoslas y en no ser firmes y decididos, ¿cómo esperamos que nuestro hijo las siga? Los gritos y las expresiones agresivas no ayudarán. Cada palabra debe ir seguida de un determinado comportamiento. Si estamos en el parque y el niño no hace caso a la orden de recoger y sigue con sus juegos, por ejemplo, será conveniente levantarse y anunciar que ya nos vamos a casa, recoger sus cosas, ordenar y dirigirse a la salida. Seguro que si, además, otros padres se ponen también a recoger las cosas de sus hijos, ayudarán a lograr que nuestras palabras tengan el efecto deseado.

3. **No elegimos el momento adecuado para regañar.** El momento es muy importante a la hora de regañar a nuestros hijos, por lo que es bueno ser conscientes de cuándo los regañamos. Si, por ejemplo, están totalmente concentrados y absortos en un juego, es poco probable que nos escuchen. Intentemos comprenderlo y elegir el momento adecuado, sin tomarlo como algo personal.

4. **Les avergonzamos delante de los demás.** ¿Qué padre no se ha dado cuenta de que sus hijos son aún menos obedientes cuando están con sus amigos?

Al igual que los adultos, a los pequeños no les gusta que les den órdenes delante de los demás o, peor aún, que les regañen en público. Si vamos a regañar a nuestro hijo, será bueno apartarlo un momento o cuando lleguemos a casa. También es muy importante tratar de incluirle en las elecciones que se hacen y en las decisiones que se toman, pidiendo su ayuda para resolver los problemas. Por ejemplo, podemos optar por decir "Esta noche podríamos invitar a tus amigos a casa y comer pizza todos juntos, pero la casa está hecha un desastre. Si me echáis una mano recogiendo los juguetes y ordenando, sería fantástico". Con este tipo de comentarios conseguimos transmitir el mensaje de que su ayuda es importante y decisiva y que también se le incluye en las actividades de la familia. No olvidemos tampoco incluir su punto de vista a la hora de tomar decisiones. Una afirmación empática y decidida en este sentido podría ser: "Sé que hoy te lo estás pasando muy bien en el parque, pero desgraciadamente es hora de volver a casa, tenemos una visita".

CÓMO GESTIONAR LAS RABIETAS: ALTERNATIVAS A LAS BRONCAS

Aunque la tentación de regañar a nuestro hijo siempre está a la vuelta de la esquina, podemos probar estas alternativas para gestionar mejor las rabietas y las discusiones en la familia, armándonos a su vez con una buena dosis de paciencia y autocontrol.

1. **Contar hasta diez:** a primera vista puede parecer la solución más banal y obvia, pero no siempre nos acordamos este truco tan sencillo. Contar hasta diez para evitar una bronca es una técnica muy útil. Ayuda a comunicar lo que queremos decir utilizando palabras adecuadas y menos fuertes, pues esta forma de gestionar los momentos de tensión transforma nuestro lenguaje: los gritos de ira se convertirán en palabras eficaces y dignas de escuchar. Estos pocos segundos que nos tomamos antes de decir nuestra opinión mejorarán sin duda el tono y el impacto de nuestra comunicación, haciéndola más fructífera y efectiva.
2. **Hacer una pausa:** si corremos el riesgo de que nuestra reacción sea demasiado fuerte o destructiva, es mejor detenerse. Al hacerlo, transmitiremos no solo la importancia de reflexionar sobre lo que vamos a hacer, encontrando los tonos y las palabras adecuadas, sino también que la impulsividad nunca es una elección acertada.
3. **Ponernos en el lugar de nuestro hijo:** cambiemos de perspectiva, intentemos ver desde los ojos de un niño. Empatizar es la forma más eficaz de desarrollar nuestra inteligencia emocional, además de que ponerse en el lugar de la otra persona nos ayudará sin duda a encontrar la forma correcta de decir las cosas y a comunicarse con ella de forma sencilla.
4. **La importancia de un abrazo:** puede parecer curioso proponer un abrazo en lugar de una regañina, pero lo cierto es que un niño la mayoría de las veces, cuando comete un error, ya sabe lo que ha hecho mal.

A veces los abrazos son la forma más directa de decir "estoy aquí, sé que te has equivocado y estoy dispuesto a ayudarte incluso cuando las cosas no vayan bien. Todo se puede remediar y podemos mejorar juntos".

5. **Descubrir las causas ocultas:** antes de recurrir a una bronca, preguntémonos por qué nuestro hijo se ha comportado de determinada manera. ¿Será que lo dejamos solo demasiado tiempo? ¿Quería llamar nuestra atención porque llevábamos un buen rato al teléfono? ¿Tiene envidia de sus hermanos pequeños? Y así sucesivamente. Busquemos la causa escondida detrás de ese comportamiento.

6. **Dar nombre a las emociones:** identificar cada emoción y darle un nombre ayuda a nuestros hijos a determinar lo que sienten.

7. **Silencio terapéutico:** otra alternativa a las regañinas es el silencio: probemos a sentarnos al lado de nuestro hijo sin hablar, sin reaccionar. Puede ser una forma sencilla e interesante de anticipar una conversación en la que luego analizaremos con calma lo que ha ocurrido juntos.

8. **Dar indicaciones tranquilas y razonables:** "¡Ve despacio!" en lugar de "¡deja de correr inmediatamente!". Proponer que se ande despacio de forma calmada es una buena manera, según el "método maman" utilizado por las madres francesas, de sustituir los tonos altos y las reprimendas por frases más tranquilas pero aún razonables.

9. **Utilizar frases afirmativas:** cuando nos expresamos, es importante preferir un lenguaje

positivo. Debemos expresar directamente lo que nos gustaría que nuestro hijo hiciera. Por ello, es mejor usar frases como "¡echa la leche con cuidado!" en lugar de "no te tires la leche encima". Así, el niño estará más atento a lo que hace y se concentrará en poner en práctica esa indicación positiva, sin distraerse con advertencias negativas.

10. **La importancia de reírse:** si algo nos hace gracia o si una travesura ha sido muy divertida, no tengas miedo de reírte de ella con tus hijos. Aprovecha la oportunidad inmediatamente después para explicarles por qué esa acción no debe repetirse.

LOS CONSEJOS DEL PSIQUIATRA INFANTIL GERARD NELSON: "CÓMO CONSEGUIR QUE LAS REGAÑINAS SEAN EFECTIVAS".

El psiquiatra infantil Gerard E. Nelson, a través de sus estudios y años de experiencia, ha elaborado 9 sencillas reglas para que nuestras reprimendas sean efectivas y para que nuestros hijos nos escuchen sin dudar del cariño que les tenemos.

Regla número 1: separa los hechos de las emociones

Tenemos que intentar describir explícitamente qué acciones estamos reprobando, por ejemplo: "¡Has pegado a tu amigo y le has hecho llorar!". Haber hecho daño a otro niño con su comportamiento es una aclaración necesaria para nuestro hijo en este caso. No sirve de mucho explicarle al niño las razones de su reprimenda, especialmente a una edad temprana. Tal vez haya reaccionado de forma natural e instintiva ante alguien que le ha molestado dándole un golpe o un empujón, sin pensar en las consecuencias de ese gesto.

Regla número 2: dile cómo te sientes

Cuando nos enfrentamos a un comportamiento incorrecto de nuestro hijo, es útil describir cómo nos sentimos al respecto. Por ejemplo: "Me enfada mucho que pegues a los otros niños".

Regla número 3: explícale que eres capaz de entender lo que siente

Empatizar con los sentimientos de nuestro hijo hará que este sienta que estamos con él y no contra él. Por ejemplo: "Entiendo que quieras subirte al columpio enseguida, pero no debes empujar a los demás niños". De este modo, el niño entenderá que él no es el malo. Lo que destacamos y rechazamos es solo su comportamiento, y es lo único que pedimos que cambie.

Regla número 4: señala cuál ha sido la norma incumplida

"¿Qué te ha dicho antes? Que a los niños no se les pega ni se les empuja". No te canses de señalarle una regla a tu hijo, aunque la hayamos repetido mil veces. Tengamos en cuenta que las reglas no son procesos innatos en el ser humano, al contrario: son parte del aprendizaje. Siempre es conveniente utilizar palabras y discursos que impliquen cambio y mejora. No podemos estar constantemente diciéndole a nuestro hijo que siempre está igual, que nunca entiende nada, que siempre se equivoca o que hace daño todo el tiempo. No debe llegarle el mensaje de que no hay esperanza con él. Hay que analizar las cosas en ese preciso momento, nunca generalizar y poner etiquetas eternas.

Regla número 5: indícale las consecuencias de su comportamiento

Es importante presentar el comportamiento perjudicial del niño como algo que también nos perjudica a nosotros. "Si sigues empujando a otros niños, nadie querrá jugar más contigo". Mediante esta forma de explicar las distintas dinámicas, el niño puede aprender de verdad cómo funciona la causa-efecto, y que cada acción que elija tendrá una consecuencia concreta.

Regla número 6: para y haz una pausa

Tomarse un descanso cuando estamos a punto de explotar, o ya lo hemos hecho, no es fácil para nada. Sin embargo, detenerse y dar un largo suspiro de alivio a veces resulta esencial. Podemos pensar en frases como "Es mi hijo, lo quiero con locura, quiero entenderlo y ayudarlo". Además, durante estos minutos de descanso, nos permitiremos no solo calmarnos y recuperar la serenidad, sino también observar el comportamiento de nuestro hijo cuando discute, sus reacciones y todo aquello a lo que no solemos prestar atención cuando estamos enfadados.

Regla número 7: destaca lo que puede hacer

Aunque en este momento el niño se ha portado mal, ha hecho

una travesura más o menos grave o ha ignorado nuestras órdenes, no debemos olvidar que ese mismo niño, en otras situaciones, también ha hecho cosas muy buenas que seguramente nos hicieron sonreír o nos emocionaron. No nos olvidemos nunca de subrayarlas, tanto para nosotros como para él. Aprovechando la ocasión, también podemos solicitar su cooperación. Por regla general, los niños no saben aceptar una bronca. Rápidamente se ponen a la defensiva o adoptan una postura hostil. Por tanto, un método para esquivar esa rivalidad es hacer hincapié precisamente en lo que nuestro hijo sabe hacer, en lugar de centrarse en lo que ha hecho mal y aún no ha aprendido. Este mecanismo es conveniente también en la adolescencia. Señalar con el dedo las cosas negativas es contraproducente para la colaboración. Tengamos en mente frases como "es increíble cómo eres capaz de concentrarte con tus amigos cuando ensayas para la obra..."; o "fuiste muy amable cuando recogiste la chaqueta de esa señora...", etc.

Regla número 8: propón alternativas

Si nuestro hijo está enfadado, quiere desahogarse y dar puñetazos, está bien, pero desde luego no lo hará contra una persona. "¿Quieres pegar puñetazos? Vale, toma una almohada. Desahógate con eso"; "¿Tienes ganas de lanzar cosas? Vete a la orilla del mar y tira piedras"; y cosas del estilo. De esta manera, nuestro hijo también se sentirá comprendido y seguramente nos prestará atención, aceptando de buen grado cambiar esa conducta destructiva, escuchando y desviando la atención hacia las alternativas y soluciones que le hemos sugerido.

. . .

Regla número 9: nunca olvides recordarle que confías en él

En el momento en el que el niño o el adolescente sienta que confiamos en él, seguramente tendrá una mayor motivación para no defraudarnos. Utiliza frases como "estoy seguro de que no volverás a cometer el mismo error, ahora que lo has entendido". La confianza es un sentimiento y una sensación que, a su vez, despierta tranquilidad y sensación de seguridad. Si tu hijo se contradice al día siguiente repitiendo el mismo error, vuelve a empezar y ármate de paciencia. Repetir una regla siempre es necesario, ya que funciona como un aprendizaje del colegio: cuando nos enseñan a hacer divisiones, tenemos que repetir constantemente ese proceso para memorizarlo. Del mismo modo, sobre todo en los niños más pequeños, es necesario repetir la regla y la lección para que se les quede grabada. Una buena reprimenda no debería durar más de un minuto. Apela a tu sentido común y recuerda tu papel como educador. Tarde o temprano, el pequeño aprenderá a no pegar a su compañero o a no empujar a otros niños, por ejemplo. Ten fe en él y no te canses de darle lecciones en el momento adecuado, con firmeza y paciencia.

CAPÍTULO 9

LA CONDUCTA DE BÚSQUEDA DE ATENCIÓN O EL ATTENTION-SEEKING BEHAVIOUR: CUANDO LOS NIÑOS EXIGEN SER SIEMPRE EL CENTRO DE ATENCIÓN

A*ttention-seeking behaviour* es como se define en inglés el comportamiento, a menudo inadecuado, de los niños para atraer nuestra atención a toda costa lloriqueando, lanzando objetos o recurriendo a constantes demandas.

En este capítulo repasaremos algunos consejos prácticos de la pedagoga Laura Mazzarelli para remediar el problema. Ármate de paciencia y firmeza afectiva.

LA NECESIDAD DE ATENCIÓN ES UNA EXIGENCIA NATURAL

Es bueno entender que la necesidad de recibir atención es inherente a la naturaleza humana, no solo a la de un niño o a la de nuestro hijo en concreto. Para existir, un individuo necesita que lo miren, que piensen en él y que lo acepten. Un buen ejemplo de esto son los bebés. Con sus llantos y gritos atraen la atención de sus padres para satisfacer sus necesidades fisiológicas, y a esas llamadas respondemos inmediatamente. Entonces, ¿por qué no lo hacemos también con un niño de 2 o 3 años? Incluso a esta edad, para expresar una necesidad, los pequeños utilizarán las mismas formas de llamar la atención: con gritos, rabietas, llantos o lanzando objetos. En esta etapa, un niño aún no tiene suficientes facultades metacognitivas para expresar sus necesidades de forma madura. Ahí es donde entre en juego el adulto, pues deberá ser capaz de entenderlo y aceptarlo.

INTERPRETAR Y ACEPTAR LAS NECESIDADES DE NUESTROS HIJOS: DEBEMOS ESCUCHAR Y DIALOGAR

El papel de los padres es, entre otras muchas cosas, interpretar el comportamiento de su hijo y la necesidad que intenta expresar. Para tener éxito en esta tarea, es necesario establecer una buena comunicación con el niño, basada en la escucha y el diálogo. El niño debe sentirse comprendido y escuchado, y debe tener la seguridad de que no lo van a dejar solo. Si conseguimos transmitirle esta sensación, ya no necesitará gritar y hacer berrinches para salvar esa distancia entre él y los padres. De hecho, interiorizará cómo funcionan sus figuras parentales: sabrá que siempre está presente para nosotros y se tranquilizará.

Cuando logremos que esto ocurra, la desesperada búsqueda de atención de nuestros hijos disminuirá considerablemente y no se convertirá en un comportamiento negativo. Si, por el contrario, no logramos establecer una relación positiva al respecto, el riesgo es que nuestros pequeños tengan comportamientos molestos e inapropiados, sobre todo en público, que es cuando se sienten menos vulnerable. Las formas de actuar basadas en estas dinámicas también crean conflictos durante el crecimiento. Un niño al que no se le ha ayudado a expresar sus necesidades de forma correcta seguirá con los mismos mecanismos, en perpetua búsqueda de atención, pensando que el mundo siempre gira en torno a él y a sus demandas.

HAY QUE IGNORAR LAS ACTITUDES ERRÓNEAS, NO AL NIÑO

Si asumimos que los padres deben escuchar y comprender a sus hijos, podemos deducir que la solución no es ignorarlos. En un momento en el que el niño busca atención, lo hace porque está tratando de expresar algo para comunicarse con nosotros.

En un contexto más amplio, todo ser humano necesita la consideración de sus seres queridos para situarse en el mundo.

El progenitor que tiende a ignorar a su hijo lo hace por defensa, porque no quiere cederle protagonismo, sobre todo cuando el niño reclama su atención con actitudes maleducadas. De esta manera, da la impresión de que pretende malcriarlo.

En realidad, imponer autoridad no se basa en no prestar atención, sino todo lo contrario. No es una cuestión de ser o no permisivo. Lo correcto es inculcar a nuestros hijos una forma de crecer basada en la comprensión y no en el miedo, así como en la comprensión de su naturaleza, con sus defectos incluidos. Los padres suelen etiquetar a los niños con frecuencia, de forma que adoptan en su mente la imagen del niño bueno, del niño caprichoso o del niño maleducado. Pero no debemos cuestionar al niño en sí, sino solo su comportamiento. Por lo tanto, no se tratará de un niño travieso, sino de un niño que está haciendo travesuras. Las palabras son muy importantes: nos permiten ver la realidad desde la perspectiva correcta.

PRESTEMOS ATENCIÓN DE VERDAD

Los niños entienden perfectamente si les estamos escuchando realmente o no. Por ello, tenemos que acostumbrarles a darle nuestra atención más verdadera. Si estamos hablando con ellos, no podemos estar revisando el WhatsApp cada cuatro segundos. Incluso diez minutos de atención profunda en lo que nuestros pequeños tienen que decir vale mucho más que una hora de atención distraída, impaciente y confusa. Escuchar de verdad es también un requisito previo para una comunicación verdadera y eficaz. Por supuesto, escuchar no significa simplemente sentarse en silencio religioso mientras la otra persona habla, ni tampoco esperar a que uno cuente toda la historia y luego dar nuestra opinión. Escuchar significa empatizar, abrir nuestra mente y nuestro corazón.

REFORCEMOS LOS COMPORTAMIENTOS POSITIVOS

Es importante que nos centremos en lo positivo de nuestros hijos. Además de la técnica del refuerzo positivo, nunca nos olvidemos de resaltar sus cualidades, incluso en los momentos en los que nos hacen pasar un mal rato cuando reclaman nuestra atención a toda costa. Podemos probar con frases como: "sé que eres un niño muy bueno, ¿por qué te comportas así ahora?", "eres capaz de hacer muchas cosas" o "dime qué necesitas". De hecho, la autoestima apacigua y disminuye el ansia de atención externa. Si nos dirigimos a nuestros hijos sabiendo destacar algo bueno que reconozcamos en ellos, tanto ellos como nosotros estaremos en disposición de escucharnos y entendernos.

DEBEMOS CREAR UNA ALTERNATIVA PARA REDIRIGIR SU COMPORTAMIENTO

Aunque pensemos que nuestro hijo disfruta desesperándonos o reclamando constantemente nuestra atención, debemos saber que a nadie le gusta ser un incordio. En realidad, a los niños no les gusta nada llorar, gritar o hacer berrinches. Saben que es mejor no realizar estos comportamientos, pero, en ese momento, necesitan expresar su malestar. Conseguir llevar al niño por un camino alternativo será un intento que el niño se tomará bien, y estará dispuesto a seguirnos siempre que seamos los primeros en comprender su necesidad. Debemos convertirnos en el individuo que realmente le gustaría ser a nuestros ojos: bueno, adecuado y útil. Los gestos positivos de inclusión, como pedirle que nos ayude a hacer algo o que nos acompañe, en lugar de dejar que siga golpeando todo lo que encuentre, pueden ayudar. Redirigir el comportamiento hacia otra cosa es más eficaz que un escarmiento con el que creemos que nos hemos librado de una molestia, pero en realidad el efecto solo será momentáneo. Tarde o temprano, acabaremos volviendo a la casilla de salida con la rabieta. Por ello, tenemos que empezar por señalar su gesto inapropiado y canalizarlo en algo útil para todos.

HAY QUE HACER QUE LOS MÁS GRANDES SE ENFRENTEN A LAS CONSECUENCIAS

Especialmente con los niños mayores, podemos introducir elementos de causa y efecto. Ya son capaces de razonar, por lo que es bueno enfrentarlos a las consecuencias de su comportamiento. Vamos a poner un ejemplo práctico: "Si sigues interrumpiéndome mientras hablo por teléfono, la llamada durará aún más y tendrás que esperar mucho más tiempo a que te escuche"; o "si sigues balanceándote en la silla puedes caerte al suelo y hacerte daño, o romperla". Es decir, en lugar de ordenar al niño que deje de hacerlo inmediatamente, es mejor que tratemos de explicarle por qué debe dejar de hacerlo, combinando la causa con la consecuencia.

Son pequeñas reglas que tu hijo respetará sin necesidad de muchas palabras. Si, por ejemplo, estás ocupado con una llamada telefónica del trabajo, dirigirle una mirada seria hará que entienda que lo que estás haciendo es importante. Puedes también hacer una pausa de un minuto para calmar al pequeño, permaneciendo siempre tranquilo sin dejar de mantenerte firme y, en cuanto termines, dedícate a él.

REFLEXIONEMOS CON ELLOS SOBRE LO OCURRIDO

Con niños mayores o, en todo caso, con un niño de cinco años en adelante, podemos volver más tarde sobre un comportamiento o una situación desagradable. Es una edad en la que nuestro hijo recordará muy bien lo que ha hecho y lo que ha pasado durante el día. Busquemos un espacio propio para reflexionar junto con el niño, por ejemplo, cuando se hace de noche y es hora de irse a la cama. Lo importante es que sea un momento del día tranquilo y alejado del evento sobre el que queremos reflexionar. Será un momento de diálogo que ayudará al niño a pensar en lo sucedido, a poner nombre a sus emociones y a dar voz a lo que sintió; al mismo tiempo, además de mejorar nuestro vínculo, proporcionará al niño las herramientas adecuadas para enfrentarse a esa misma situación si se presenta en el futuro.

CONCLUSIÓN

Queridos lectores: hemos llegado juntos a la conclusión de este viaje. Hemos descrito qué es la ira, por qué suele apoderarse de nosotros y cuáles son los mejores consejos prácticos para gestionar tanto nuestra ira como la de nuestros hijos. Hemos aprendido la importancia de la inteligencia emocional para gestionar no solo la ira, sino todas las emociones positivas o negativas, con el fin de conseguir ser personas felices, equilibradas y con éxito tanto en el contexto familiar como también en la sociedad y en las relaciones con los demás. Nos hemos centrado en las inquietudes de los más pequeños y hemos enumerado pequeños trucos para distraerlos, para captar su atención y canalizar su energía, proponiendo alternativas y actividades para mejorar el nivel de escucha y comprensión mutua (para que os escuchen, nunca olvidéis la regla número 1: sed los primeros en escuchar a los demás, especialmente a vuestros hijos, de forma consciente y presente). Hemos visto cómo relacionarnos también con los hijos adolescentes, cómo entrar en su mundo manteniendo la autoridad y cómo fomentar su confianza en nuestro papel de padres y guías. Pero recordad que los numerosos temas abordados en estas páginas están unidos por un hilo conductor: el hecho de que los gritos no son la solución a nuestros problemas. Ahora sabemos que podemos adquirir nuevas habilidades, intentar ser personas y padres más conscientes, romper con los viejos métodos educativos basados en el miedo y proyectarnos hacia una crianza positiva y sana, basada en la comprensión, la confianza y el amor por nuestros hijos y por nosotros mismos.

Printed in Great Britain
by Amazon